归属感

How to Cultivate Belonging

[美]阿德勒·R.阿卡特 著　洪祯苹 译

（Adele R. Ackert）

中国友谊出版公司

图书在版编目（CIP）数据

归属感 /（美）阿德勒·R. 阿卡特著；洪祯苹译
. -- 北京：中国友谊出版公司，2023.8
　ISBN 978-7-5057-5637-3

Ⅰ.①归… Ⅱ.①阿… ②洪… Ⅲ.①企业管理－人
际关系学 Ⅳ.① F272.92

中国国家版本馆 CIP 数据核字 (2023) 第 083247 号

著作权合同登记号　图字：01-2023-1511

书名	归属感
作者	[美] 阿德勒·R. 阿卡特
译者	洪祯苹
出版	中国友谊出版公司
发行	中国友谊出版公司
经销	新华书店
印刷	河北鹏润印刷有限公司
规格	880×1230 毫米　32 开
	6 印张　118 千字
版次	2023 年 8 月第 1 版
印次	2023 年 8 月第 1 次印刷
书号	ISBN 978-7-5057-5637-3
定价	42.00 元
地址	北京市朝阳区西坝河南里 17 号楼
邮编	100028
电话	(010) 64678009

首先，谨以此书献给我的朋友和家人，感谢你们无条件地支持我。

同时，我还要感谢让这本书顺利出版的优秀的团队。

最后，我想把这部作品献给迄今为止和我合作过的所有贵宾朋友——你们教给我的一切，远远胜过我能带给你们的。

没有你们，便不可能有今日的我。

引　言

　　恭喜你勇敢迈出找寻归属感的第一步！也很高兴你能在茫茫书海中发现这本书。既然有缘相会于此，请相信，我定会引领大家走上拥有归属感的光明道路。或许每个人拿起这本书的原因各不相同，但中心主旨基本一致：我们如何在这个巨大且孤独的世界中找到归属感？也许你会感到气馁、孤独、疲惫或沮丧；也许你比平时更有压力或感到焦虑；又或者你还在自卑中苦苦挣扎。这个世界似乎是一片混乱的。更加不幸的是，我们都极其容易深陷于某种思维定式，这种定式让我们迷失自我，从而忽视了真正重要的东西。

　　在生命中的某些时刻，我们都在努力寻找自己在这个世界上的定位。我们想成为什么样的人？我们想要如何表现自己？我们的人生目标又是什么？我们淹没在来自媒体、社交圈、家庭、邻居，以及老板和同事关于我们"应该"如何思考和行动的海量信息中。但是除了我们自己，没有人会真正在我们的脑海里停留。只有我们深知自己的感受，明白什么最适合自己。这本书旨在帮助大家挖掘我们最大的资源，那就是我们自己，同时开发出一些必要的技能和工具。唯有如此，我们才能过上健康、快乐的生活。

在本书中，你将会获取一系列的实用工具，协助你解决消极思维模式、自我尊重、自我发现、接纳认可、专心致志、目标设定以及自我关注等诸多问题。在每一章里，我都将带你了解这些概念，并深入理解每一个概念的含义，以及如何在生活中为它们找到一席之地。本书还列出了一系列的实战操作，来考验你利用这些工具的能力。一旦你定期练习并将其融入日常生活，便会明白它们是如此独一无二。不要担心，没人第一次就能完美地完成操作，所有这些步骤都需要大量的练习。重新训练你的大脑，就如同去健身房一样：你不能第一天进去就期望破纪录。慢慢开始，接受"自己无法完美地完成所有事情"这一事实，然后坚持定期练习。你一定会变得更好，而后你想要的改进与提升便指日可待。

你可能会好奇我能写出这本书的原因。首先，我是一个自然且正常的人。我们所有人都需要归属，并渴望被他人接纳。我们相互依赖、共同成长。我们通过与他人的互动学习如何做人。觉得自己有所归属时，我们会感觉很美好；而感到被孤立或与他人隔绝时，我们就会感觉很糟糕，然后这种不良的情绪状态便影响了我们的生活。正如其他所有人一样，我也一直在努力寻找归属感。

我们每个人都面临着挑战，这些挑战让我们质疑自己适合待在什么样的圈子里。世界之大，我们的位置在哪里？我们到底是谁？生而为人，这是我们自然而正常的一部分。不幸的是，寻找归属感可能是一个孤独而艰难的过程；而幸运的是，我的专业经验能够在此派上用场。除了是一名努力寻找归属感的人之外，我还是一名执业临床社会工作者。我已经在这个领域摸爬滚打多年，经历过各种工作环境，比如创伤中心、酒精和药物治疗、儿童福利院、国家病房的住宿安置以及私人诊所。我与处在不同年龄段的有各种需求和担忧的组织以及个人一起工作。在该领域的求学与工作过程中，我发现了一个千真万确的事实：每个人都想要拥有并且需要归属感。我写这本书的初衷和目的便是为你们提供茁壮成长所需的信息和工具，以及团结和理解，以助你们找到自己真正的归属。

目 录

CONTENTS

第一章
ONE

培养归属感：成为真实的自我，拥抱持久的幸福

归属感是一个宽泛的概念。我们可对它下定义、做分析、进行领会，却不一定能真正感受到它。在本章中，我们将探索归属感的含义，以及它在生活中起着至关重要作用的原因。我们还将研究如何培养自己的归属感——男女老幼，无论是谁。唯有如此，我们才能真正地感受和体验它，无论是工作还是居家，在团体还是社区中，又或者是在伙伴关系中。创造归属感的关键开端，便是需要我们竭尽所能去领会它，并最终懂得需要它的原因。

发现社交关系中归属感的奥秘

什么是**归属**？简言之，《韦氏词典》系列（Merriam-Webster's）对其的定义是"亲密或私密的关系"。这定义可以说是相当广泛了，对吧？于我而言，归属感更多是我们被另外一个人或一群人**接纳**真实的自己而产生的感觉。人际关系对我们的成长至关重要。这里的人际关系可不仅只是指那些我们原本就已拥有的八拜之交。严格来说，杂货店里为我们打包食品的焦虑少年，或者是帮我们修复网络连接的客服人员，他们与我们之间都存在密切的交集。然而，这些关系是盲目且机械的，不会给我们带来太多滋养。当然，如果我们身体力行地经营过这些关系，那就另当别论了。但现实生活中，大多数人是不愿与陌生人朝夕相处的。归属感的定义中明确指出，"亲密"和"私密"是归属的关键因素。**真正的归属感源于能在他人面前安心地成为我们最真实的自己，且推己及人，相互、共生地接纳并认可对方。**

诚然，培养一段充满接纳和尊重的亲密关系知易行难。如若那么轻松就能做到，就不会有人专门为此写书出教程了！当然，也许对另一些人而言，这似乎又很容易。这就会让我们产生自我怀疑，于是我们濒临崩溃，或是陷入迷茫。幸运的是，这些都不是问题。试想一下，其实任何一段亲密关系的建立都会受到诸多不可控因素的影响。当你试图与一群人建立这种关系时，这些不可控因素还会成倍激增，产生量变。

想象你回到中学时代，走进一家拥挤的自助餐厅，却不知道该坐在哪里。你扫视房间，发现另一个人也独坐一隅，于是你决定走近他，请求与他同坐。这当然是件很可怕的事，但相比于强行融入一群人，其实已经轻松很多！当你找到那个块然独处的人时，你们彼此都心照不宣——原来你们的处境如此相似，都形只影单！因此，你们之间更容易来场坦诚相待的互动。（也许你们之间的沟通会出现严重失误或意外，但愿那时现场没有太多观众！）相反，当高朋满座时，找到共同点就会变得相当困难。你的思维可能会快速跳转到诸如"他们为什么想要另一个朋友""他们可能会觉得我很古怪"，或者是很多其他无益的想法。谢天谢地，我们早已中学毕业了，但是生活中与学生时代类似的纠结和窘境却仍然无处不在。能与某一个人建立亲密关系就已足够困难，更别提要在一个群体中找到归属感，那简直令人生畏啊！

避开合群的陷阱

乍看上去，"归属"和"合群"两个词的含义似乎如出一辙，但其实两者之间有着本质的区别。人山人海之中，总有一些人在认清对方的真实自我后仍能与之建立起亲密关系，这便拥有了我们所说的归属感。注意核心要义为"真实"二字。如果我们未能成为最真实的自己，那我们就永远无法获得真正的归属感。这意味着我们可能会通过**价值观**或是兴趣和爱好建立联系——无论如何，这种联系必须是真实的。

另一方面，合群并不要求我们成为最真实的自己。高中时代，我的穿着打扮以及发型风格都比较固定，因为我想融入集体，但这并不意味着这种跟风是我想要或喜欢的。**我们遵守别人制定的规范，因为我们不想变得与他人格格不入，我们只是在努力合群，而非寻找归属。**

举例来说，我曾经接待过一位极好相处的来访者。他是班级里的"活宝"，魅力四射，深受同龄人的喜爱。然而，他却坚持认为这并不是他真实的自己，他把自己隐藏在面具之下。他说，尽管他极受欢迎，也确实无论走到哪儿其他人都众星捧月般围绕着他，但他仍然感觉自己与同龄人脱节甚至被孤立。其实这种情况我们大多数人都深有同感。我们可能会觉得自己"属于"一个群体，因为我们在此塑造和改变了自我，以迎合所谓的群体要求。事实上，那种不真诚的归属感只是一种合群罢了。当我们能够找到一个人或者一群人与我们建立联结，接受我们真实的样子，同时不要求我们遵守其他任何规范或规定，除了允许我们安心做自己，那才是我们真正的归属。

另一个例子说明，合群不一定与归属感有必然关联。另一个接受我的心理咨询的当事人是她朋友圈中唯一的黑人女性。在一次和朋友的讨论会上，有人提到了"扮演黑人"一词。当时没有人直接为这一单词的使用进行辩论，只有我的当事人谈论了与这个词有关的创伤，以及它是如何给人们加深有害的刻板印象的。她告诉我，虽然朋友们认同这件事在当下确实是糟糕的，但是在历史上，让非黑人演员把脸涂黑，在电影和喜剧中扮演黑人，这并不一定是件坏事，因为过去的人们受时代限制，"没法了解太多"。而她的视角如此与众不同，主要还是因为她本人是一位黑人女性。这种情况导致我的当事人内心产生了价值观冲突：她要么为了合群而认同他人的观点（但不是真正的归属），要么持反对意见并说出自己的真心话（既没找到归属也不合群）。她选择了后者，虽然这确实导致了严重的感情受挫和更多的挣扎，但她从未后悔过。她坚持认为，她不想强行融入与她三观不合或信仰不同的人群。合群并不是真正的归属。当我们能够在别人面前做真实的自己，别人和我们在一起时也能如此，我们才能找到归属感。

善用科技的力量

我们生活在一个高科技时代，参加 Zoom 会议，视频通话，欣赏朋友和"网红"的漂亮的 Instagram 照片，在 Twitter 上和志同道合的陌生人聊天。人们一致认为，是科技建立了联系和归属感，这无疑是相当正确的。科技让我们这么多人紧密相连。每个人都可以在脸书（Facebook）和红迪网（Reddit）上找到志趣相投的聊天小组，无论他们的兴趣有多么小众。科技为我们提供了一种接触他人的方式，让我们感到被接受和被认可，并拥有真正的归属感。

对一些人来说，科技是他们找到归属感的唯一途径，面对面与人交流对他们来说是极其困难的。对一些人来说当面沟通更是不可能的，他们可能有各种各样的原因——慢性疼痛、严重的精神疾病、年龄差距、语言障碍、残疾或社交恐惧症等。在舒适居家和保证安全的情况下，与他人建立联系并找到归属感会变得容易和方便得多。这种找寻联系和归属感的方式相当奏效，我们是如此幸运，得以生活在一个技术先进的世界里。此时此地，只要轻触指尖，我们大部分的人际需求便都能得到满足。

然而，尽管技术可以让我们紧密相依，但它同时也会有反作用，让我们远离彼此。有多少人曾因政治问题与亲戚在脸书上大吵一架，于是无意中让感恩节晚餐变得异常尴尬？又有多少人认为，如果我们再进行一次 Zoom 会议，我们的眼球就会不堪重负而受伤？现实是，互动正在消耗我们的精力，尤其是当它不再那么有趣，或者是找不到我们认可或愿意与其产生联系的人时。然而与我们三观不合却又同时相互联系的人遍布全网！虽然我们能够通过技术联结彼此，但有时我们能做的最好的事情却是断开各自的网络，重新回归我们身处的环境，做回真实的自己。

减轻孤独与无助

孤独是一种非常普遍的情绪，但我们大多数人都在试图逃避它。由于尝试逃离孤独，我们有时便会陷入合群的陷阱。然而，在努力合群而不是寻找归属的同时，即使被众人包围，我们最终仍然极易感到孤独。这是因为我们没有感受真实的自己，也没有被对方接纳、认可。我们如此努力地寻找归属感，以至于在寻寻觅觅的过程中丢失了独特而美好的自我。尽管合群有可能带来好处，但通常情况下，我们最终仍然感觉不到自我的完全实现。

独居一隅并不一定意味着内心孤独。严格来说我们可能会因为独居而感到孤独；我们也可能虽然只身一人，而内心并不孤独。孤独是一种与感觉自己被孤立不同的情绪，它并不是指你真的被孤立了。比如说，许多性格内向的人希望拥有充足的独处时间来给自己充电。他们从不感到孤独，因为他们在利用时间来珍视和肯定真实的自己。**通过从事一些符合我们三观的活动，孤独、无助感将会大大减少，因为我们已经学会了自我调节。**同样，我们也可以利用吸引力法则，吸引其他人进入我们的生活，让他们看到我们真实的自我之后，从而更加珍视我们。

归属感的生物起源——本能、生存、依赖

正如我们的社会及其关系结构，人类对归属感的需求随着时间的推移而演变。我们最初是以部落为单位。当人类还仅仅停留在狩猎和采集者时代，想在群体之外生存下来是几乎不可能实现的事，更不用说繁衍生息了。于是，我们远古的祖先紧密团结，依靠彼此来抵御捕食者和敌人，有效地捕猎大型动物、抚养孩子、照料庄稼等。当然，彼时我们所有的本能都只是为了生存。

人类的核心生理需求之一便是确保生存，而我们对他人的依赖有助于我们更好地生存。换句话说，从生物进化论的角度来看，我们想要好好生存，就必须彼此依赖。

我们需要他人，不仅是为了确保我们作为个体和物种的生存和繁衍，也是为了健康地发展。"人类幼崽"可能是这个星球上最虚弱和最需要照顾的后代。（想必任何新手家长对此都绝对认同！）当我们呱呱坠地时，我们不能站立或奔跑，更不能养活自己，甚至无法自主地抬头挺胸。我们所学到的一切，都是从社会

交往中习得的。很多人都听说过"野孩子"。这些孩子从小到大很少或几乎没有任何社交，被人们极度忽视。尽管一些野生儿童接受各种形式的治疗后，他们的个体发展取得了显著的进步，但仍有许多人将永远无法学会使用厕所、言语表达、养活自己甚至直立行走。俄罗斯心理学教授 M. M. 瑞斯特尼科夫（M. M. Reshetnikov）博士说过："健康的大脑是人类心智发育和充分发挥其功能的必要条件，但不是充分条件。'野孩子'有功能性的本能反应和条件反射，这是由其基因决定的。这与意识活动恰好相反，意识活动是后天获得的功能，只能在社会信息环境中发展。"从本质上来说，想要正常地发展，我们需要的不仅仅是一个结构完整且功能齐全的大脑，还需要他人的照料与协助。

然而，这不是一件谁都能够轻易完成的事。我们需要与那些积极的、性格平和的人建立联系。根据研究人员罗伊·鲍梅斯特（Roy Baumeister）和马克·利里（Mark Leary）的说法，与一个善良友好且情绪稳定的人交往可以从诸多方面提升我们的生活质量。通过与这样的人进行互动和来往——无论他（她）只有 5 个月大，还是 5 岁，甚至是 50 岁以上——我们都定会获得如同投资长期债券一样稳定且长远的收益。

归属感会对我们的认知能力和情商的发展产生积极影响。通过与他人的互动，我们学会了如何对待他人、明白生而为人的期望、弄清对与错的区别，以及如何在现代社会中发光、发热。人类天生具备很强的目标驱动力，这意味着我们对归属感的生理冲动是带有目的的。有时候，这个目的是我们的生理自我、认知自我或情感自我的发展；也有一些时候，这个目的只是单纯的享乐。无论目的为何，归属感满足了我们有史以来就存在的生理需求。

归属感还有助于调节我们的行为和情绪。我们对刺激的反应可能会有所不同，这取决于我们是集体群居还是独居一隅。同样，当我们归属于自己的群体时，我们的反应与置身于其他陌生群体时截然不同。因此，杏仁核（大脑的情绪中心）会根据我们所属的位置对不同的情况做出不同的反应。这部分是由于判断的不利影响，以及归属的保护性因素产生的。例如，如果我们和一群朋友在一起，我们会比独自一人时更不容易被卷入酒吧斗殴。（除非我们的朋友鼓励这种行为，这就是另一个完全不同的话题了！）我们的朋友可能会介入调解并发挥他们的监管作用。同样，我们与所属群体的其他人相处时，总体上受到的压力和负面情绪会大大减少。此外，如果我们对自己的攻击性不加约束，继续在酒吧里和陌生人打架，我们的朋友就会对我们产生负面印象，从而断定我们不再是有趣而友好的人。归属于群体有助于我们更有效地运用调节性技巧，来避免可能造成的负面后果。

不幸的是，正式开启归属之旅时，我们会面临诸多障碍。这些障碍可能进一步增加我们的孤独感与被孤立感。其中一些因素包括种族或民族、移民身份、个人能力、神经分化、性别认同、性意识、体形、社会经济地位和年龄。虽然这些因素促使我们成为独一无二的个体，它们本不是消极的东西，但在某些场合或情况下，它们也会增加我们的被孤立感。当我们在寻找归属感以及试图建立一个健康、援助性的社区时，这些因素也会给我们的工作增加难度。这一切不是不可能发生，事物本身的多样性是一笔惊人的财富，但在一些社区中，一旦涉及归属感，它便带来独特的挑战。

露出笑容，享受归属感带来的纯粹快乐

人类天生就渴望归属。我们在本章前面的部分讨论了"为什么"，在这一部分，我们将探讨归属感对我们人类如此重要的原因，以及是什么强化了我们对归属感的需求。人类的很多需求是通过建立团体和伙伴关系来满足的。首先，也是最简单的，归属感让我们感觉良好。被群体或个人接受会让我们快乐，而我们人类天生就享受快乐。当我们的人格和身份被另一个人或另一群人看到、接受和欣赏时，我们会产生一种"哦，我很正常，大家很喜欢我"的感觉。请问谁不想要这样呢？归属的感觉是如此美好。

归属群体——群朋友、一个互助小组、一个组织或一个团队，可以显著提升幸福感。我们都在寻求同样的安慰来确保自己并不是离群孤立者。来访者问我的最常见的问题是"这正常吗"或者"其他人也在纠结这个问题吗"。当人们通过这种方式去发现和确认时，他们通常会在接下来的谈话中明显放松。这也改变了我们的思维方式。如果大家都深知纠结、斗争无处不在，彼此并不孤独，我们就会减少对自己的批判。脸书上有这样一个团体，它几乎涵盖了任何一种情况，比如疾病、经历、兴趣和信仰等。通过归属于某个团体，无论虚拟或真实，我们都可以获得想要的归属感。我们不再认为自己"疯狂"或"怪异"，我们开始认定或许我们生来就属于这里。一旦被孤立感消失，个体通常就会开始以全新的方式思考事物之间的联系。这给人们提供了挑战消极思维模式的机会，并减少对自己的批判性想法，从而带来更强烈的整体幸福感。

各种形式的社会援助可以让那些正在承受悲伤、焦虑、压力、抑郁（诸如此类的负面情绪不胜枚举）的人得到缓解和治愈。有了技术的支持，谷歌搜索能够快速显示真实的本人或一些虚拟的团体。大多数人都了解到，有无数的团体正在为那些人提供药物援助。我们可能对他们经历的悲伤无法感同身受，对其他援助团体也不太熟悉，但在大多数社区和网络中，这样的援助团体普遍存在。这些群体如此之多主要是因为其成员在认真工作。梅奥（Mayo）诊所指出，在群体中找到归属感是减轻压力和焦虑的主要因素。这些团体背后的科学理论是它们成功的主要原因，但最重要的是，它们提供了一个安全的空间让我们谈论自己的经历，并感受到与他人的联结。没人能生活在真空中。通过加入援助组织，我们能够验证自己的经验、从他人那里学习全新的应对策略、与同龄人以及平辈们互动，并从他们的经历和奋斗中获益，实现自我提升。

在处理创伤和进行恢复时，拥有归属感能有效地保护个体。我曾经接待过一对年龄相仿的兄妹，他们俩都经历了一些严重的创伤。女孩在学校加入了许多课外团体，还有一群密友。她并不是毫发无损，但由于朋友、队友和老师的支持，她能够在不影响成绩、不伤害自尊与人际关系的情况下安然度过创伤期。相反，她的哥哥很少参加俱乐部且不爱运动，所以交际甚少。在经历了同样的创伤后，他的学习成绩更差了，人际关系也越来越糟糕，并开始在学校和家里都出现各种行为问题。妹妹的报告显示她在治疗过程中感受到了大家温暖的援助，但她哥哥的报告却显示，他说感觉自己被孤立了。两个孩子在创伤前后的经历都尽然相似，但两人的反应和预后效果却完全不同，主要就是因为他们的后援系统和归属感的差异。

　　融入群体不仅有助于解决心理健康问题，它对于解决学习或工作中的实际问题也大有帮助。大多数人都认为他们从工作中的学习小组或咨询小组中收获良多：他们能在集体环境中自如地应付各种情况、学习新的东西、接受良好的培训和援助。融入这些群体也有助于提供激励，因为它可以让个人与同伴一起互动，让他们对自己负责，并给予自己鼓励。

开启你的归属感找寻之旅

这本书旨在引导你在这大千世界中找到归属感。在整个过程中，我将提供各种方法和技能来帮助你成为最好的自己，并在这个疯狂的世界中找到归属感。我将尽我所能帮助你感受到自己被认可和接纳，从而健康、茁壮成长，成为最真实的自己。当然，这些训练也会向你发出挑战，会要求你内省、乐于学习新事物，并有可能改变你的思维模式。毕竟，如果我们对同一件事保持热忱并付出，我们就一定能得到同样乐观的结果！学习新事物的过程中会有一些不舒服，但是请记住，你正在成长！想要成长就一定需要付出一些代价，但这一切都是值得的。

具体来说，这本书将涵盖接纳认可、**自我同情**、积极思考的好处，培养成长心态，培养强大的自我保护技巧和套路，以及建立积极的社交关系等多个主题。以下所有章节都会帮助培养你们的归属感。每章中提供的技能手段将挑战你将这些理论付诸实践，并评估你在日常生活中应用它们的能力。

在真正的工作开始之前，我想要额外声明一下：我并不是你们的专家，你们才是世上唯一一个对自己的需求最了解的人。任何人都不能替代你们走完这段旅程，我所能做的就是指导大家完成这个过程而已。当今社会给人们带来太多挑战，我只是试图尽我所能去搞定复杂的理论从而收获归属感。我也只是恰巧在这个领域上接受了一些额外的培训，我对自己的培训所得进行总结，为你们在人生中培养归属感的过程提供一些需要的技巧。至于如何使用它们，则取决于你们自己。我希望能为各位提供一切需要的东西来改善你们的生活，并提升归属感，这样你们必能从中获益良多。我也希望你们能够利用这些方法来帮助其他有需要的人——归属感依赖于优秀的人，唯有自己先成为一个优秀的人，你才能帮助其他人更加轻松地提升他们的归属感。

本章要点总结

- 归属感意味着另一个人或一群人接受了真正的自己。
- 人类需要积极的互动才能良好发展和茁壮成长。
- 人类天生渴望归属，逃避拒绝。
- 拥有归属感可以产生诸多强大的社会心理效益。
- 有时，我们必须改变自己的心态或行为，来寻找真正的归属。
- 这本书提供了很多培养归属感的实用技巧和建议。

第二章
TWO

欣然接纳生活：承认无法避免的压力，化解焦虑与不安

　　既然我们已经论述完了归属感的含义，接下来就可以正式进入"接纳"这一概念范畴了。我们将讨论接纳的本质、如何接纳、为何接纳能成为我们归属之旅中的一个实用的工具，以及要如何在日常生活中运用接纳来帮助我们应对各种复杂情绪和一切不适。我们也会列出一些有助于大家将接纳付诸实践的实战演练，并举例说明如何在日常生活中欣然接纳。

让你的"无能为力"成为"顺其自然"

"接纳"这个词语实在难以定义。在我看来,与其苦苦思考"接纳是什么",不如先来想一想"接纳不是什么"。接纳不是简单的认同、联署或和解;接纳也不是在很糟糕的情况下妥协说,"我觉得 OK,这挺好的",然后继续深陷苦海、无法逃离;接纳更不是扬扬自得或停滞不前。我觉得对接纳最好的定义是:承认当下的一切境况,同时认清什么是可以改变的,以及无力改变、只能坦然接受的。接纳也意味着一定程度的前进。我们首先接受现状,然后开始采取下一步行动。若向前一步有可能成功,便坚定改变现状的信心;若对一切都无能为力、束手无策,就暂时硬着头皮去忍耐与应付。

在解释何为接纳时,我总是会举一个例子,它能有力地证明为何接纳的力量如此强大。这个例子和交通堵塞有关,是一个几乎所有读者都能产生共鸣的话题。我在美国中西部的一个小镇长大,那里的交通很便捷;后来我搬到了芝加哥郊区,交通就变成了每天都让人头疼的事。我不仅没法去适应，而且越发觉得它令人无比沮丧。在郊区的前两年，我在离家 20 分钟路程的一家商店做零售员，那时的天气很好，交通也很顺畅。但我的老板不太好相处，为人处世也比较死板。最糟糕的是，我通常必须从车水马龙、水泄不通的高峰时刻出发，所以通勤问题让我几近抓狂。每天，我都是开车去上班，遇到交通堵塞便成了家常便饭。我越发焦虑，因为潜意识会告诉自己上班马上要迟到了，迟到就意味着我很可能会被解雇。我甚至会对和我陷入同一处境的其他司机大喊大叫。这给我的日常生活带来了很大压力，以至于我发现自己每天在上班前都因焦虑而身体不适。各种焦虑的想法在我脑海中循环交替：我肯定会堵车，然后我上班就迟到了，接着我会立马被炒鱿鱼，最后我身无分文，被迫从研究生院退学，从此流落街头。

后来的某一天，我得到了一位治疗师的帮助，瞬间醍醐灌顶。我意识到，仅凭一己之力是无法改变交通状况的。交通堵塞每天都一成不变，而我对它的反应如此极端，还给自己制造了强烈的焦虑、愤怒和恐惧。无论我如何努力，如何歇斯底里，或者如何使劲敲打方向盘，我都无法掌控它。然而足够幸运的是，我能做出其他的改变：我提早出发，事先检查交通路线是否有更新，这样就能确保我有足够的时间到岗；我可以在感到焦虑时深呼吸，尝试着接受偶尔上班迟到一次的现实；而即使我被解雇了，我也不会因此一贫如洗，因为这既不现实也不合理。（此处容我多嘴，在那里工作的两年间，我先后迟到了 3 次，却从来没有被解雇过，甚至都没有受到任何斥责。）

其实很多人的大脑都是这样工作的——这是一种保护机制，使我们免受可能发生的负面情况影响。作为人类身体的司令部和指挥官，我们可能会感谢这位"大佬"（谐音：大脑）对其周围事物的高度警觉。对它而言，这是一种生存机制；但对我们来说，这其实是无济于事的，甚至还可能会对我们的幸福感造成彻头彻尾的损害。我们焦虑的大脑悉心呵护我们的安全，以至于它有时会牺牲我们的健康。通过接受"我不能改变交通堵塞"这一事实——只能改变我对交通堵塞的反应，我减少了许多焦虑。过度焦虑在我的脑海中制造了一些虚拟的情况，其真实发生的可能性大可不必去考虑。我决定接纳生活中我无法改变的一切，而努力改变我能改变的东西。曾经由于试图努力控制能力之外的事情，我给了自己太多不必要的压力。生活本身就很艰难了，对自己无能为力的事情表示顺其自然又有什么关系呢！但我们可以让生活不会变得比现在更艰难。这就是欣然接纳。

重新搜索大脑中的"积极替代选项"

接纳不仅仅是接受我们无法控制的情况或境遇，也包括接受我们自己和他人。我想我们大多数人都曾经痛苦地意识到我们是无法改变别人的，尽管有时内心希望自己有能力去做一些改变。但是我们中的很多人仍然会陷入这样的困境：我们拼命尝试"迫使"别人做某件事或者试图改变他们的行为。

假设你有一个朋友正处于一段不健康甚至受虐待的关系中。作为他（她）的好友，你觉得应该让他（她）知道你的想法，然后按照你的价值观生活。这很合情合理，且在旁人看来完全是可以接受的。但朋友却对此置若罔闻，继续沉溺在自己的病态关系里。你该再试一次还是就此放弃？有时候，放弃会让我们觉得好像对此放任不管了，或者我们对现状保持默认。但事实并非如此。如果我们每次见面时都告诉朋友我们很讨厌他（她）现在的伴侣，这会对我们的友谊产生怎样的影响？过来人都深知，这通常只会制造更多的问题，让我们原本就处于弱势一方的朋友越发缺乏安全感。

但如果向我们的朋友敞开心扉，表达我们内心真实的感受，同时解释清楚我们会尊重他们的决定，我们最终甘愿为所爱之人付出更多。我们给予朋友自主选择权和足够的尊重。当然也要明白，**我们爱的不是他们的决定，我们只是很爱这个人。**这可以稳固我们的关系，也减轻了管理他人的责任。如若继续试图控制别人，我们一定会以失败告终，因为这是我们无论如何努力却都无能为力的事。不要再异想天开地认为只要我们比别人更努力，就可以期待对方因此改变自己。

当我们爱的人做了我们不喜欢的事情时，我们也可以设定界限。仍然用前文中的例子来说明。也许你认为你的朋友仍然深陷泥潭，你和他们继续相处，对你来说是不健康的，也许它消耗你太多的情感能量了，或者它伤害了你们的友谊。因此你觉得彼此需要保持一段时间的距离。这个提议是完全合理的。这并不是你在试图强迫他们做一些令他们毫无防备的事情；这是你为自己的健康与幸福挺身而出。当然这一切知易行难，但是设定界限来保护和尊重自己以及自己的幸福，要比牺牲自己进而疏远自己爱的人美好得多。

作为一名治疗师，我必须学习的最难的一课是，我再努力，客户也不一定会改变他们的行为。人们骨子里都渴望改变和提升，但我们却不能强迫他们时刻准备身体力行；我们只能把握好自己的言行以及我们对事物的反应。当你尝试去改变别人时，会产生很多内部冲突，你会因为他们没有任何改变而感到无比沮丧，你也会在一些自己无法控制的事情上煞费苦心。当然我们也可以通过试图让他们做一些毫无准备或内心抵触的事来制造冲突。**一旦明白了自己会在哪些场合下失控，我们就能将自己从那些无能为力的事情中解放出来。**我们不再让自己置身于一场必然会失败的战斗，坦诚接受这里原本就不是我们的战场。

同样的原则也适用于我们自己不喜欢且想要改变的事。如果我们没有准备好，就先别强求改变。但我们能做的是用同理心看待自己，锻炼成长心态。我们将在后面的章节中深入研究这些理论。现在，让我们专注于自己的一言一行，并将坦诚接纳置于我们思想的最前沿。

举例来说，如果我们对自己的体重不满意，可能很容易说出"我好胖——没人喜欢这样的我""我太丑了"等一堆负面评价。这些心理暗示让我们感觉更糟、更加垂头丧气。但我们若是从感恩和接纳的角度来看待同样的问题，我们可能会从另一个角度思考："虽然我不喜欢现在的旅程，但我有能力改变。"从接纳现状开始，我们不必强迫自己热爱当下的一切，但可以从一个中立点接近它。或许目前我们所做的一切并没有达到理想状态，但我们可以慢慢改变，然后一步步接近目标。

通过重塑思想，我们让自己更快乐、更有动力，也就不会轻易陷入消极、悲观的思维循环。我们把不可控的观点（别人怎么想）转移到可控的行为（我们对此能做些什么）。运用重构思维可以打断**消极的思维循环**，使大脑重新搜索替代选项，而不仅仅是那些消极、被动的方案。人的消极思维如同仓鼠滚轮：只要我们允许，轮子就会一直滚动；但在某个时候想要改变，我们就必须不惜代价选择摆脱。一旦选择远离滚轮这个"怪圈"，我们就可以从另一个角度来看待事物。唯有如此，我们才能大步向前，而不是被困在原地。

情绪是指引方向的"路标"，而非阻碍前进的"路障"

我迫不及待想让你知道的是：生活不易，接纳也很难。在漫长的人生旅途中，在我们一步一个脚印地探索与实践的过程中，我们一定会感到不适。这种难受不可避免，这是你需要去接受的第一件事。你需要接受的第二件事是，快乐、热爱、舒适和幸福都不可或缺。理解我们生而为人的底线并不那么"快乐"是练习接纳的第一步。我们的底线因人而异，尽管它们通常会在中立点徘徊不定。从那个起点开始，生活将带我们坐上过山车，去令人绝望的深渊、令人亢奋的顶峰，以及其他任何地方。坦诚接纳和直面应对并不是摆脱这些感觉，因为感觉这东西很抽象，说不上好坏；相反，应对技巧和接纳有助于让情绪体验变得更容易接受。想象你的情绪其实是路标，而不是路障：它们不是来阻止我们的，而是告诉我们方向，指引我们更好地前进。

人的情绪如此有用且信息丰富，我们可以满怀好奇而不是恐惧地来接近它们。感觉是不可避免的——我们需要经历和感受它们，即使这感觉令人不适。我们花费了太多时间试图逃避本就无法逃避的不适感，而从未尝试找寻理想的方法来应对它。在我看来，我们的生活压力不外乎两类：不可避免的压力和自我施加的压力。

不可避免的压力包括生活中那些我们逃避不了的事，比如重大的人生转折（出生、死亡、工作、婚姻等）和日常小事（车胎漏气、被纸割伤、天气状况、商店排队、金钱问题等）。生活中的这些事都是正常且无法避免的，而且通常在很大程度上是我们无法控制的。另一方面，自我施加的压力源于我们对这些情况的反应。如果我们纠结于老板在工作会议上提出的反对意见，这些话语又是如何让我们整天心烦意乱的，我们甚至从一开始就不该说某些话，那么我们的痛苦就会大大延长；当我们振作起来，想尽一切可能避免这种无法避免的压力时，我们反而又给自己制造了更多的压力，这并不是明智之举。因为很不幸，还没有人发明出时间机器。已经发生的事是无法改变的，所以我们不妨接受它、直面它，继续前进，并在未来努力从中吸取教训。我们不是机器人，每个正常人都会犯错，所以不要因为犯错而自责。

大量的场景和复杂的情绪使接纳变得非常困难。例如，我们都很难去体验和接受自我价值感、匮乏感和绝望感。关键之处是我们要接受这些情绪是合理的，但由此产生的种种负面想法都是不真实的。我们的感觉和思想联系密切，它们会相互影响。

例如，当你感到孤独时，你在想什么？对我而言，我可能会认为"没人喜欢我""我不是一个称职的朋友""我毫无个性"。这些想法绝不会让自己感觉更好或摆脱孤独！孤独是很正常的事，我们可以承认／接受消极情绪的存在，但不一定要接受／认可悲观的想法。我们可以通过重构思维来精确地记住：这些想法只是脑海中一串闪过的符号而已。它们不一定是真的，对我们也没什么帮助，不用过度关注。

我们也许无法控制会有哪些想法在脑海中自由进出，但我们能够调节自己对于事情的反应。可以告诉自己，"我只是感觉好像没有人喜欢我，但这并非事实"，而不是陷入消极思维的恶性循环。这样会使负面想法失去个性，并在自我和思想之间制造距离。只要我们不再认为自己的想法是事实，大脑也就不会把它当回事了。

我建议大家反思一下那些使你无法摆脱消极思维的思考方式，以及如何运用这个理论来跳出思维的"怪圈"。

由于我们的思维习惯关注消极因素（出于自我保护，但不一定正确），它可能会试图欺骗我们拒绝接纳。这完全正常，没有任何问题。我和同事们经常谈论接纳，而且我们基本掌握了所有的秘诀，但有时我们并不想使用到它们。现在请你们静坐沉思，扪心自问：为什么你会认为接纳是行不通的，或者觉得它很愚蠢且毫无意义？我们还是用之前讨论过的同一理论来分析这些想法。"我觉得接纳是件糟糕的事。"没关系，你可以有这种想法。

带着这些感觉坐下来，试着以好奇的角度去接近它们。你的思维在向你传达什么？阻力来自哪里？你的大脑正在试图保护你免受什么样的伤害？你真的需要这种保护吗？

通过对这些不愿接纳的冲动情绪发起挑战，我们可以缓慢但肯定地重组我们的大脑，使其变得更加积极（或者至少保持中立）。不必给自己持续的负能量以延长痛苦或者给自己制造更多的压力。**既然我们不能控制自己的思想，那我们也一定不要被其所控制。**

归属工具箱：重构消极想法的框架

本次练习要求你细心审查自己的情绪和由此产生的程序化的消极思维，以及我们如何重构这些思维。这会让你专注于注意力的训练以及练习接纳，从而召唤出消极思维模式，然后重建这些思维，让它们更有帮助、更少批判。我将提供几个例证来说明如何进行实际操作。大家选择一些常见的情绪，写下自己油然而生的消极想法，接着重构框架。

情绪	消极想法	重构
幸福快乐	好景不长	开心和难过都只是一时的，所以我只要好好珍惜和享受当下。
无足轻重	我不够好	虽然我感觉自己不够好，但我却是这世间独一无二且珍贵的存在。

日志提示

1. 试图重塑自己的负面想法时感觉如何？在此过程中，大脑向你释放出什么样的信号？

---

2. 哪些挑战或障碍可能会阻止你练习接纳？

在海量信息中，只把握可控的细节

生活中处处有一些我们无法掌控的情况，或大或小。我们湮没在各种国际冲突的海量信息中，一旦放眼全球，便能清楚地意识到我们能把握的事少之又少，对此可能会有人感到难以接受。这确实令人非常沮丧。然而，如果我们继续盯着那些无能为力的事，就会忽视一些我们本可改变的东西。例如，如果我们对政治氛围不满意，仅凭个人是无法拉拢政府的，但我们可以倡导、投票，教育和鼓动他人。最终这些微小的行动创造了持久的变化。有时你可能感觉自己做得还不够，但关注你自己的个人价值观并确保能言行一致，就已经足够重要了。一直拒绝接受那些我们无法掌控的情况，会把自己逼进气馁和绝望的境地。

这里还有另一个司空见惯的关于天气的例子可以用来剖析接纳。成长于美国中西部的我，很早就学会了永远不要依赖天气预报。我们可以关注天气的寒冷多雨，接着"吐槽"它的烦人之处，继而抱怨它又是如何毁了我们的一整天。或者，我们也可以坦诚接受天气的现状，调整自己，大步前进。只要我们不放纵自己停滞不前，就会发现人类的适应能力其实强得惊人——这就是我们对不愿接纳的人们表明的态度。若不愿练习接纳，我们很快就会发现自己被困在痛苦的沼泽中，苦苦挣扎着想逃离困境。然而，接纳如同流沙：你越是与它对抗，就被淹没得越快。

我们每天都面临着对于接纳的训练，于是我们将使用几种不同的方法来分析特定的状况，以确定最合适的处理方法。无论我们如何展开，接纳是所有选择的基础。你需要问自己的第一个问题是："我能改变这种情况吗？"面对汽车爆胎，你可以轻松置换轮胎；面对雷雨天气，你却只能束手无策。第二个问题是："我能改变对这种情况的态度吗？"如果我们改变视角，绝对可以将雷雨天气视为一件好事，但我们却总是会将朋友处于虐待关系视为坏事。如果我们对其中任何一个问题的回答是肯定的，那么是时候采取行动了。如果我们的两个答案都是否定的，那么我们需要采用一种叫作"激进接纳"的方法。这是一个由美国心理学家玛莎·莱恩汉（Marsha Linehan）创造的术语，她创造出一个被广泛使用并可以用它获得成功的方法，叫作"辩证行为疗法"。激进的接纳意味着我们坦诚接受自己对现状无能为力的事实，并接受我们的感觉是合理且重要的，即使它令我们不适。

基于在青少年诊疗方面的社会临床工作经验，我本人在接纳方面学到了很多。我曾经在一家福利院工作，服务对象是一群就住在福利院里面的豆蔻年华的女孩。通常情况下，当这些留守女孩偷跑出去与男友约会，或者只是逃避处罚时，我们大概能预估这个女孩出逃的时间。我和大多数同事都会恳求她改变主意，选择留下来。我们尽了最大的努力（至少我们是这样认为的）来阻止姑娘们出逃，却从未成功。于是我决定改弦易辙，练习接受。

　　曾经有个站在前廊、背上背包准备出逃的当事人。我出去找她攀谈。她当时正生着气，所以没有正面回应我。我告诉她，其实我一眼就看出她想要逃跑的意图，但我不会阻止她。我接着解释说，我特别希望她留下来，不要跑，但我明白这是她的个人选择。同时我也告诉她，希望她一定注意安全，无论她何时归来，我们的大门永远为她敞开。该方法着实奏效，我与这个留守女孩建立了联系，彼此的关系因此得到极大改善。女孩们视我为可求助之人，无论事情好坏，她们都更加信任我。意识到我无法控制她们的行为，我能掌控的只有我对事情的反应，让我成为一名更好的治疗师和客户们的坚强后盾。这也在整体上减少了我对女孩们的消极情绪，阻止了形势的恶化。

归属工具箱：练习接纳不可掌控的事情

找到一个舒适的坐姿或卧姿，轻闭上眼。专注呼吸，鼻子吸气，嘴巴呼气。让你的呼吸保持自然、平缓的节奏。现在一切准备就绪，开始重复对自己说：

我给予自己宁静，去坦然接受一切我无力改变的事情；

给予自己勇气，去改变我能改变的事情；

给予自己智慧，去明白两者之间的区别。

一旦你对自己重复以上话语，就可以接着反思生活中自己能掌控的事情。你可以决定早上几点起床；可以自行选择在杂货店买哪些东西；可以调节自己如何应对各种意外情况；可以指导自己如何回应别人；可以探索如何与自己的思想互动……你能掌控的东西太多了，这些才是你需要关注的重点。一切准备就绪，就请睁开眼睛吧。

日志提示

1. 列出生活中你能控制的事情，然后再列出你无法掌控的事情。

_____

_____

_____

_____

2. 你在练习接纳的过程中遇到了什么障碍？为什么会出现这种障碍？

_____

_____

_____

_____

_____

本章要点总结

- 接纳意味着承认我们的情绪和处境，包括我们能控制和无法掌控的一切。
- 接纳不一定意味着我们一定接受或喜欢某种情况。
- 通过练习接纳，我们可以减少人际冲突以及自己内心的抗拒和消极思维。

- 接受无法避免的压力，减少自我施加的压力。拒绝接受负面思维的恶性循环；相反，我们要挑战它们，然后我们才能重组大脑，让它更专注于积极方面，降低情绪反应，增加我们的能动性和自主性。

第三章
THREE

践行日常同情：用关怀和善意留住整个世界的"春天"

本章中，我们将深入研究同情心这一概念。一起来探究同情的本质、人类需要它的原因、运用方法，以及践行它困难的原因。我们还将辅以例子和练习，说明如何在日常生活中运用同情心，并审查这种同情针对的是我们自己还是他人。

同情心——人类最宝贵的财富之一

同情是我们对他人或自我的关注与关怀，是一种渴望减少人们（或我们自己）所受苦难的冲动。然而，同情不仅仅是一种感觉，还需要通过行动表现出来，这才是通常情况下人们给予它最好的反馈。在我看来，同情心是我们人类最宝贵的财富之一。它可以搭建桥梁、修复关系，为我们的家庭和社区创造积极的变化，并为我们自己和他人提供舒适的休息场所。同情的一些常见定义包括"怜悯"这个词，但它有一些负面的含义。我更愿意把同情看作是少一些怜悯，多一些体恤、同理心和关怀。

同情和**同理心**都是同情心的重要元素。怜悯是我们对处于不幸境地的人的关心；同理心是我们与他人情绪产生共鸣并切实地感同身受的能力。这两个词都有延伸含义，因为它们经常被用来描述我们对他人的感受或是与他人的互动。这显然是由怜悯和同理心的核心构成，也是同情心的主要方面，但这绝不是唯一的层面。通常，同情别人比自我同情容易得多。你也是如此吗？那你知道为什么会这样吗？有时候，我们会对他人表现出万分同情，却完全忘了自己，于是最终侵犯了自我底线。同情他人与自我同情都是令人钦佩的品质，但如同其他任何事情一样，两者之间必须达到良好的平衡，我们不要顾此失彼。

同情他人的例子可以囊括任何事情，从倾听他人到提议为他人买咖啡，再到争取平等权利的街头抗议。同情心与人类形影不离，这也是它令人惊奇的地方。它不一定总是表现出宏伟的姿态，也不一定需要我们付出巨大的努力和牺牲。有时候，我们最需要的同情可能只是一对善于倾听的耳朵、一个哭泣时可依靠的肩膀，或者一只可以握住的手。

另一方面，自我同情可能会有点困难。例如，如果我们需要就某件事谈谈或者发泄一下，找个倾听者的效果可能比我们自己瞎琢磨要好得多。然而，我们能做的是尊重自己的界限，这是我们能展示给自己的最好的体恤方式。这其中包括个人、职业、财务、情感和时间的界限。**为了表达出同情心，我们就必须调节到我们的内在自我，并倾听思想和身体试图告诉我们的一切。**举例来说，身体有时会告诉我们需要休息，有时它又会提醒我们赶紧锻炼。关注自己身体的界限并尊重它们，就像我们尊重他人的边界一样，我们就能实施日常的自我同情。

依靠同情心守护世界上的"人情味"

　　你能想象一个没有同情心的世界吗？那会是什么样子？在我看来，那一定是个很凄凉的世界。如我所言，作为人类，我们最大的财富之一就是我们关怀他人和自己的能力。在全球范围内，同情心对于全人类的成长和进化都是至关重要的。让我们来想象一下，如果人类没有对地球和全球社会的同情，我们的世界会是什么样子？我当然不会天真地认为所有人都富有同情心。退一万步说，即使我们对一切充满怜悯之心，世界也不会是完美的。然而，同情心能带我们更进一步地创造一个服务于所有人的美好世界。

　　广义上的同情是像民权运动、女权主义、应对气候变化以及创造一个适合所有人的世界这样的伟大运动的根源。如果没有同情心，我们就不会关心我们的人类同胞，也不会在意那些对自己没有产生直接影响的政策，更不会发展到现在的先进程度。然而，路漫漫其修远兮，同情心对于创建充满支持和爱的全球社区至关重要，而不是"人不为己，天诛地灭"的自私心态。

同情心驱使我们为更大的利益而努力奋斗，创造一个我们想看到的并为之自豪的世界。就个人而言，我们可能无法煽动全球的政策变化或扭转全球变暖的局势，但正是这些较小的、日常的同情行为激励了他人，让我们更接近建设一个充满同情心的世界的目标。通过花费时间关心他人或动物，倾听、给予、分享和欢迎，我们与他人互相体谅。最乐观的情况下，多米诺骨牌效应产生了，这会激励我们帮助过的人以富有同情心的方式回馈他人。倘若没有多米诺骨牌效应（当然有时确实没有），我们仍然知道自己做出了善行，我们帮助了别人，即使当下尚未看到立竿见影的效果。当我们饱含一颗同情之心为人处世时，如同默默播下了成长和善良的种子，无论是自己还是他人都将受益无穷。我们不想低估那些看似渺小的富含同情的行为，正是由于这些微不足道的善行激发与促进了我们人类和社会的成长。

如上所述，自我同情可能非常困难。很多人都深知没有自我同情的生活是什么感觉，我们可以证明这感觉不太美好。**无论你的大脑试图告诉你什么，你都值得自我体恤。**如果每个人都在我们需要同情的时候以我们想要的方式向我们表达同情之心，那世界将变得非常美好；但不幸的是，事实并非如此。我们只能依靠自己来满足自己所需的体恤之心。不论好坏，余生我们拥有的都只有自己，所以我们不妨成为自己最好的朋友和守护者，尽自己所能保持积极和健康。同情之心，无论是对我们自己还是对他人，都会让我们感觉很好。它带给我们快乐，也让我们看到事物积极的一面，去练习和践行我们的价值观，去真诚地帮助他人或自己。

　　同情心与归属感直接相关。通过同情他人，我们给了他们专属于自己的空间；通过自我同情，我们也为自己创造了一个专属空间。没有对自我和人类同胞的同情和接纳，我们就无法拥有归属感。

归属工具箱：确定你的核心价值观

在本书中，我论述了很多关于价值观的内容，并确保在思想和行动上向我们的价值观靠拢。了解我们的价值观是确保我们尽可能坦诚生活的核心部分。在此次练习中，你将对自己认为最重要的 5 种价值观进行排名。我已经给出了一些例子，但我希望大家能自己写出心中的首选。它们不一定是你最擅长的，但对你来说一定是最重要的。这次练习没有标准答案。明白各自的核心价值观非常重要，因为正是它们指导我们做出种种选择。当我们按照自己的价值观生活时，我们会感到更加充实。这同时让我们更好地了解自己，给予自己更多体谅。

价值观

探险	家人 / 朋友	和睦
野心	自由	玩乐
自主	慷慨	尊重

平衡	诚实	责任
审美	正直	自我接纳
同情	聪慧	自知之明
自信	正义	服务
平等	热爱	信任
公平	中庸	财富
信仰	坦率	智慧

你的 5 种价值观排名

（列出你认为最重要的一个）

1. 在你最看重的 5 种价值观中，目前你认为自己在生活中有待改进的是哪个？

_____

_____

_____

_____

2. 有哪些小方法可以让你在日常生活中践行自己的价值观？

_____

_____

_____

_____

3. 你认为有哪些你很看重的价值观还没有得到应有的重视?
你能做些什么来凸显这些价值观的重要性?

_____

_____

_____

_____

_____

_____

不是坏人和机器人的他人和自己，都值得被体恤

在一个不太重视同情心的世界里充满同情心是很需要勇气的。每天都有各种人或事来挑战我们保持同情心的能力。有这样一个棘手的问题：当一切都在告诉或逼迫我们不要这么做的时候，我们该如何坚守初心？忽视我们内心的同情，去责怪一个不体贴的司机或粗鲁的女服务员，这很容易就能办到。反之，在那些场合保有同情心则需要付出太多努力。同样，对伤害过我们的人表示体谅也是一种挑战。如同接纳一样，同情也不是件容易的事。这很有挑战性，也很困难，但是却很值得。

当谈及对他人的体恤和谅解时，请记住一件事，这对你一定会有所帮助：每个人都有自己的苦衷。那个鲁莽的司机正赶往医院去看望他病危的母亲；对你不满的女服务员刚经历了一次流产。或许他们背后还有其他更加难言的苦衷。他们只是普通人，像你我一样，为了生活拼尽全力。我们不该把同情只局限于那些

有"冠冕堂皇"的借口的人。无论他们的借口／理由在你听来是否合理，这都是他们正在经历的事情。他们仍然是正常人，如同我们一样，值得被同情、怜悯。我们每个人都有过状态不佳的时候，但我们仍然值得被别人体恤，其他人也是如此。如果我们以彼之道还施彼身，这并不能让我们更接近期望达到的目标，它所带来的只是毫无同情心的循环往复。于是我们好奇："我的体谅行为会对自己有什么影响？"通过给予他人同情，不管他们的行为如何，我们都不会陷入消极循环；相反，我们在用行动向自己和他人表明，我们值得被善待。

和其他所有事情一样，将同情心运用于我们自己身上可能更具挑战性。包括我在内的许多人都更善于体恤别人，而不是谅解自己。但是，解决方法保持不变。大家需要记住，我们只是想要努力做好每件事的普通人。这个世界上的一切事情都是艰难的、充满挑战的，也是可怕的。我们不需要强迫自己做得更好。每个人都可以犯错，都需要休息，也经常会状态不佳，我们只是正常人，不是机器人。作为一名治疗师，我觉得这点特别难，因为同情、体恤他人就是我的基本工作。如果我像其他人一样，因为没睡好觉，就一整天都不在状态，我可能会非常自责。但是，为什么我就不该比我最好的朋友更值得被体恤呢？我最好的朋友昨晚也睡得不好。或许是因为小孩吵闹？还是要照顾自己的宠物？我们需要以同样的善意和关怀对待自己，你不应该是机器人。这就是你如此独一无二和充满人情味的原因。

有些人可能认为同情是一种弱点，但事实上，这恰恰是我们人类最强大的力量。**因为饱含同情之心，我们会重视所有坦诚面对真实自我的人，无论好坏、美丑，还是介于两者之间。**我表达同情心的方式比我同情的人更能证明我的为人。如果我想在这个世界上找到归属，就必须按照我的信仰去行动。这包括同情心，即使这很困难。

归属工具箱：对自己说出愿望

　　这是一个对自己、他人和宇宙万物说出愿望的过程。我会提供大致的例子，大家可以选择打算放在空白处的单词。你选择的词语可以是你认为自己或他人可能需要的任何词语。首先，为每句话选择好不同的单词。这些话就是你在说出愿望时需要使用的语言。但是，不要被此束缚。我们对自己和对别人的愿望肯定不一样。因为这是专属于你的思维空间，所以你可以随意制定你认为合适的方式。这种练习是对我们自己、他人和整个国际社会践行同情之心的绝妙方法。

　　请找一个安静的空间，调整好舒适的坐姿。闭上眼睛，专注呼吸，确保你正在进行完整且充分的深呼吸。当一切准备就绪，使用不同的单词完成填空后，请对自己念出以下内容：

　　愿我（例：幸福）_____。

　　愿我（例：健康）_____。

　　愿我（例：平和）_____。

愿你_____。

愿你_____。

愿你_____。

愿我们_____。

愿我们_____。

愿我们_____。

日志提示

1. 你为什么会选择以上词汇作为愿望?

_____

_____

_____

_____

2. 你如何帮助自己和他人达成目标?

_____

_____

_____

_____

挑战本能判断，保持日常同情

保持日常同情心的一个关键部分是挑战我们的自动化思维。我们的大脑天生倾向于消极思考并形成判断，但这只会延续消极思考的循环。这对改善我们的关系、培养归属感或与他人建立联系没有太大帮助。例如，当你看到一个无家可归的人在街上乞讨时，你会不由自主地想到什么？对一些人来说，他们的第一反应是判断这个人是如何沦落到这一步的。他们可能会认为这个人可能只是伪装的无家可归。大部分时候这些都只是我们没有任何证据的本能判断，这些想法会立即阻止我们帮助可能有需要的人，去向他们表达同情和怜悯。

请注意，我不是说你应该把自己身上所有的钱都给街上的乞讨者。如果你有能力且愿意慷慨解囊，那当然是令人钦佩的。然而，我们可以用一些不需破费就能搞定的小方法来表达同情。我们此刻评判的人也是普通人，难道他们不值得被同情和仁慈对待吗？也许他们真的处在水深火热当中呢？当我们挑战自己对于他人的负面想法和判断时，请记住他们其实是值得被善待的人，不管他们在生活中做出了什么选择，我们都应该用更多的体谅来回应，即使只是一句善意的话语或一个真诚的微笑。这条原则适用于我们接触到的所有人：难以相处的同事、车管所的工作人员、你的邻居，甚至包括你自己。

很多时候，我们也会对自己做出同样苛刻的判断。假如我们在工作中犯了错误，我们可能会比主管更严厉地惩罚自己；或者发现自己最近变胖了，我们也可能会惩罚自己。一直以来，我们都忘记了其实自己和每天遇到的人一样值得被善待和同情。这里给大家分享一个我个人觉得很有用的技巧：如果你意识到对自己太苛刻了，就想象你在和一个小孩、一只小狗，甚至是你最好的朋友说话。你不会对他们使用那些刺耳的话，那你为什么要用它来伤害自己呢？如果你意识到你是在对自己的人性进行评判，那么你就需要重新构建并挑战那些自动产生的想法。刚开始这种行为可能并不自然也不容易，没关系的，这是一个重新连接大脑及其工作方式的过程。通过思考一个想法，即使仅此一次，你也会自动增加未来再次拥有同样想法的可能性。这适用于所有积极和消极的想法。通过挑战消极的想法并以同情之心回应，你正在自己的大脑中另辟蹊径，这会促使你在将来拥有更多的体恤之心。

我在上一章中提到，由于曾经在儿童福利院工作，与青少年的合作居多，我学到了不少关于接纳的知识。同情心也是如此。住在福利院的很多女孩都让人头疼。有的时候，当我去上班时，她们一看到我就表现得很兴奋；当我走进来时，她们会用各种称呼来辱骂我、威胁要伤害我，还骂我是有史以来最糟糕的治疗师。这是一份要求很高的工作，不知不觉间，我发现自己已经历了太多的同情疲劳（一种倦怠的形式，表示你感受同情和同理心的能力崩溃了）。

然而，陪我渡过难关（自我照顾暂且不论）的方法是把注意力集中在特殊时刻——女孩们把我当作唯一的倾诉对象的时候，我们逛宠物店遛狗逗猫的时候，或者是我们一起绘画上色的时候。这也帮助我记住了她们的故事。正如我之前提到的，每个人心中都有一段沉重且无法言说的过往，甚至有"心魔"时常出入。若必须面对难以相处之人，尝试记住这一点：通常情况下，越是难以相处的人越需要同情。这会让我们更容易以同情心回应他们。

福利院的工作经历同时教会了我很多关于自我同情的知识。当我每天上班听到六七个十几岁的女孩对我大呼小叫时，很容易就会把她们的批评内化，暗自心想："也许我真的是世界上最糟糕的治疗师吧。"在这个世界上，每个人都会面临各种评判，即使如此，我们也不该让自己的生活变得比现在更艰难。自我同情让我明白，客户对我的愤怒实际上并不是针对我个人。我注重自我照顾，和主管真诚沟通，主动接受心理治疗，运用各种自我照顾的方法为自己的"情绪电池"充电。我知道，在工作中遇到困难的时候，我需要做的便是照顾好自己。通过训练自我同情能力，即使面对生活抛给我的各种挑战，我也可以成为一个更优秀的自己，一位更专业的治疗师。自我同情可以培养我们的韧性和不畏艰难、砥砺前行的能力。

本章要点总结

- 拥有同情心要求对他人和自己都保持同情心和同理心。

- 无论是从全球范围还是个人角度看，同情心对于创建更幸福、更健康的生活都十分必要。

- 自我同情和同情他人同等重要和必要。

- 践行日常同情心可能会挑战自动化思维和对自己及他人的负面判断。

第四章
FOUR / 克服消极思维：辨认认知扭曲的
"海市蜃楼"，探索真实"新绿洲"

　　美国国家科学基金会流传的一个普遍的统计数据显示，我们每人每天大约有 80% 的想法是消极的，并且其中有 95% 是重复的。这些数字的准确度如何我不得而知，但我可以证明的是，我们每天都被"淹没"在各种坏消息和紧张的形势中，所以很难专注于积极的想法。在本章中，我们将探讨如何努力挑战消极思维模式，重塑我们的思想，探索积极的替代方案。同时我们将研究这些行为的作用，以及它们如何帮助我们更好地生活。

别被消极思维牵着鼻子走

　　消极思维各不相同，而且存在的范围极广。它们可大可小，或激烈或被动，有真实也有虚拟。然而，它们的共同点是——你可能已经猜到了——都具有负面性！我在前文提到过，人类的大脑天生就关注消极的想法。当然，这是一种安全机制，旨在保护我们的生命安全。不幸的是，人类并没有像我们的祖先所希望的那样进化，我们仍然对一些负面信息有着强烈的下意识的"偏见"。尽管这样大脑能够有效保护我们且让我们保持活力，但这并不是帮助我们茁壮成长的好办法——我们可以通过冒险、探索和历练来获得成长。消极思维会阻碍我们充实地生活，而积极思维却能够让我们欣赏生活中的细节，专注当下，去拥抱未知而不是回避。

　　那么，什么是消极思维？很多时候，我们甚至没有注意到自己有这些想法，因为它们是自动且无意识地发生的。通常，这些想法看起来更像是判断、假设或指控，而往往不是基于事实产生的。当我与新的咨询者见面时，为了最大限度获取可用信息，我会让他们分别列出自己的优势和劣势。十有八九，他们发现列出弱点比列出强项容易得多。此外，他们倾向于列出更多的缺点而不是优点。想象当你站在镜子前时，你会对自己说什么？你是低头自卑，"唉，我真丑"，还是自信昂扬，"哦！我很棒！"？相信即便是在同一场景，大家的反应都各不相同。

这些仓促、武断的评价和转瞬即逝的想法不会占用我们一天中超过两秒钟的时间，但信不信由你，它们甚是关键。思维在模式中茁壮成长。通过思考某件事，哪怕只是偶尔一次，你都会开始在大脑中创造一条新的神经通路，从而形成一种思维模式。举例来说，倘若一周7天中有6天你都暗示自己很丑，但突然有一天，你承认自己其实很了不起。你觉得哪条神经通路更深，从而形成更强的模式？当然是前面那些持续较久的消极思想。

消极的思维模式是**认知扭曲**的一个典型例子，它会以多种方式渗透到我们的日常生活中。其他常见的认知扭曲包括**灾难化**（相信最坏的情况会发生）、**读心术**（仿佛我们能猜透别人的想法或感受）、**宿命论**（假设我们能预知尚未发生的事的结果）和**低估积极信息**（坚信自己所做的一切都没有价值或不如他人）。认知扭曲的例子还有很多，以上这些是我在治疗师工作实践中最常见到的。熟悉不同的认知扭曲，你就能更好地理解自己经常出现的那些不良想法。我们也将在本章中进一步探讨这个话题，并研究如何挑战消极思维模式。

摘掉眼前的"消极滤镜"

你熟悉"过于乐观"这个词吗？它是指当我们用过度积极的眼光看待问题时，一切都变得美好，以至于我们可能会忽略危险信号。相反，某些情况虽然看上去极不寻常，却是事实的真相。

如上所述，我们的大脑天生就对消极的事情保持警惕，因为大脑认为它们会威胁到我们的安全和幸福。然而，有时大脑又会过于严肃和紧张，用黑暗的、消极的滤镜给一切抹上灰色调。如同其他事物一样，我们希望通过清晰、无色的镜片来看待生活——不能过于乐观也不能过于悲观。

当我们通过消极的镜头看待生活时，一切都变成了危险信号、威胁，抑或攻击。例如，你可能无法对在工作中得到的积极评价感到高兴，因为你认为人们可能只是想表现得友好，但实际上并不把你放在眼里。而同样消极的事情，比如糟糕的工作评估，会让我们变得更加消极。在工作中受到不好的评价可能迅速让你觉得自己毫无价值、糟糕透顶，你甚至认为自己即将被解雇。你注意到这些例子中的认知扭曲了吗？我们都忽略了积极的一面和灾难性的一面。当我们透过深色滤镜看事物时，我们会越来越依赖认知扭曲来支持自己的信念。

一般来说，如果我们寻找某物，就一定会找到它。这是一种被称之为**"确认偏差"**的现象，简言之，这意味着寻找崭新的数据或信息来确认我们之前的想法和信念。因此，如果我们不断（有意识或无意识地）寻找事物消极的一面，我们几乎总能找到。假设在工作中你有个重要演讲，为此你很焦虑。你的思维会自动跳转到哪里？对我来说，这可能关于搞砸、口吃、弄错重要信息、让自己看起来像个白痴，类似的想法不胜枚举。十有八九，我们倾向纠结于这些消极的可能性，让自己越来越焦虑。现在，我并不是说要完全忽视消极的选择。很多时候，我们可以体验到健康的压力，并以此为动力去更好地准备和完成工作。然而，如果我们只关注事物消极的一面，我们是在做有利于自己的事吗？如果只考虑消极的可能性，我们健康的压力就会变得不健康。它不再能激励我们，反而会压垮我们。在这样的形势下，做好一件事就会相当困难，甚至完全不可能实现。因为我们一直在寻找消极的选择，这就是我们能找到的全部。

更加关注事物消极方面的现象，我们称之为**"消极偏见"**，这是另一种相当常见的认知扭曲。当我们产生这种认知扭曲时，大脑会认为消极的选择比积极的选择更重要。同样，与积极的一面相比，我们的头脑也更容易越来越多地思考事物消极的一面。

请记住，我们的大脑之所以如此运转是因为它希望我们生存。千万不要误以为是大脑在和我们作对！它只是在兢兢业业地完成本职工作而已。然而，由于生物遗传、环境、过去的经历、创伤等原因，有些人过于依赖包含其中的一些生存机制。这就是为什么有些人相比其他人更需要与消极思维做斗争。虽然我们的大脑可能天生就会以某种方式思考，但这并不意味着我们无法重新连接这些自动化思维并重塑思维模式。

这不仅仅是"往好的方面想"那么简单，但忘却我们经常使用的认知扭曲、学习其他处理问题的方法是百分之百可能的。忘却消极思维模式的第一步是认识到它们的功能以及我们使用它们的原因。

关注自己使用消极思维的场景，并以一种富有同情心的、非批判性的方式接近它们。认知扭曲是正常的，这并不意味着你的大脑"不够机智"。然而，另一种思维方式可以带来更积极的结果，比如总体感觉更好、减轻许多压力和焦虑。我们将在下一节进一步探讨这一问题。

"这很难，但我可以迎难而上"

人们可能已经给了你"金玉良言"，让你"往好的方面想"或者"不要总是这么消极"。当他们知道这些话并不奏效时，可能也会感到震惊。他们确实是抱有善意的，但事情并没有他们想的那么简单。如果问题能如此轻松简单地被解决，我的治疗师生涯早就结束了。我想非常明确地告诉你，我不会只是建议你"想一些快乐的事"或者安慰你"一切都会好的"。归根结底，这样的说法往好了说，只是没有帮助；往坏了说，是彻头彻尾的侮辱。可能我们都曾经听过这些话语，其实它们都是**"毒性积极"**的例子。我之前提到过，我们不想通过玫瑰色滤镜或深色滤镜来看世界。我们希望自己的视野清晰、明朗。毒性积极是我们通过玫瑰色滤镜来看世界，它可能和我们最黑暗的滤镜一样有害。理想情况下，我们希望从一个中立的角度去接触世界，自由地接受生活中的好与坏，这在现实总体上是可行的。

我们可以在日常生活中以多种方式运用这种策略，尤其是在挑战消极思维和那些让人讨厌的认知扭曲时。挑战消极思维的方法之一就是以积极的方式运用"假设"思维。

让我们回到在工作中做演讲的例子。你可能会想："如果我搞砸了呢？"挑战这种想法的一个好方法是换个角度思考："如果我成功了呢？"由此可见，当我们考虑所有假设时，很少有人会考虑事情积极的一面。只要同时注意到事物积极和消极的可能性，我们就可以缓慢但确切地重构我们对问题的看法。在此之前，在你内心的对话中，即使做得再好都有可能不会被领导及时认可；但是通过增加一个积极的假设，你能够减轻消极且有害的压力，增加动力和希望。

挑战消极思维模式的另一个好方法是反问自己："依据在哪里？"认知扭曲其实是大脑对我们撒的谎，本质上就是在编故事。它试图让我们相信这些故事是真实的，并且会在现实中发生。但是大多数时候，我们没有意识到这个事实。在处理灾难化、读心术、宿命论、消极偏见、忽视积极因素等认知扭曲时，这是一个有用的策略，而我们经常苦于没有足够的证据来支持自己的说法。

想象此刻你正在法庭上陈述你的案子。我有一个十几岁的咨询者，她总觉得没人喜欢她，所有人都只是假装是她的朋友。我问她何出此言，有无证据，她却又说不出来。她没有证据支撑自己的恐惧感，除了曾经有一个同学告诉别人他和我的当事人不是朋友而已。仅凭这一条评论，她就编造了一个自己不受欢迎的故事。我问了她关于这件事的后续的问题：这个同学是明确表示自己不喜欢她还是只是说他们不是朋友而已？假设他确实说过自己不喜欢她，那么又是如何推断出其他人也不喜欢她的？消息来源可靠吗？所谓的证据只是道听途说吗？

我们的证据到底是基于事实还是观点？当我们发现自己在沉思的是一个故事而不是事实的时候，便可以问自己以上这些问题。

例如，将这种策略应用于宿命论，我们仍然可以如此反问自己：哪里有证据可以证明某事将会发生？再比如，你害怕约某人出去，因为你认为他会拒绝你，那你可以运用什么样的表述方式或疑问来证实这些想法？首先，识别你的想法/认知扭曲。这个场景中的想法可能是"我要约他出去，他会拒绝我，这样我会感觉被羞辱"。认知扭曲就是宿命论。你永远不知道别人是否会拒绝你，除非你明确地问了他这个问题。为什么会产生这种想法？因为你的大脑试图保护你免受潜在的尴尬和伤害。遇到尴尬和感情伤害是不是很难受？是很难受。但是这是不可忍受的吗？可以忍受。**你可以自我暗示，"是的，这很难，但我可以迎难而上。"**这个人有可能会答应，然后你们俩都会很开心；相反，如果让认知扭曲占据了上风，我们则会因为害怕失败而与很多可能的胜利无缘。

归属工具箱：挑战消极思维模式

让我们来做一个简单的练习。你可以通过挑战认知扭曲从而改变自己的行为。简言之，以下是我们的大脑分析情境并将其转化为相应的行为的过程：

情境 ▶ 思维 ▶ 感觉 ▶ 行为

这被称作**"行为链条"**，我们在很多时候甚至无法感知它的发生。这项练习将会引导你更仔细地观察一些引发无益且消极的思维模式的情境，它们如何影响我们的感觉和行为以及我们该如何跳出这些模式，从而让自己的感觉和行为都变得更好。下表给出的例子仅供参考。

情境	消极思维	感觉	行为
朋友应邀参加你的晚宴，但是已经迟到了一个小时。	他们可能遭遇了严重的车祸甚至不幸去世。（灾难性的预测）	• 惊恐。 • 害怕。 • 悲伤。	• 哭泣。 • 疯狂打电话。 • 忽略其他客人。

情境	另类思维	感觉	行为
朋友应邀参加你的晚宴，但是已经迟到了一个小时。	• 他们忙于加班。 • 路上遇到了交通堵塞。 • 可能睡着了，忘记了时间。 • 他们向来没有时间观念。 归根结底，我不知道发生了什么，所以不该像知道一样做出反应。	• 也许有点生气，但是表示理解。 • 冷静很多。	• 发信息询问其迟到原因。 • 和其他客人一起享受晚宴。
情境	**消极思维**	**感觉**	**行为**
你正在计划和某人约会。	他/她一定会拒绝，然后我会很尴尬。（宿命论）	• 害怕。 • 羞愧。 • 迫切逃避。	由于太紧张，没敢约他/她出去，于是错过了机会。
情境	**另类思维**	**感觉**	**行为**
你正在计划和某人约会。	反正对方不是拒绝就是同意，机会各占50%，我争取自己亲耳听到答案。	• 紧张却不存在毒性压力。 • 更加自信。 • 欣然接纳。	你约了对方且得到肯定回答，你们开心地在一起了！也有可能被拒绝，但是你的情绪并没有因此受到太大影响。

这两个范例包含的场景都包括了我们可以告诉自己的情况。通常我们最初的想法都比较消极，非但没有任何帮助，还会让我们感觉很糟糕，同时会阻止我们接近目标。而另类的思维并不是所谓的毒性积极，而是现实中更有可能发生的情况。它们不一定让你完全没有不适的情绪，但它们确实会让你拥有更理性的观点、更平静的情绪，以及更好、更健康的行为。练习时，请用你自己的实例来填空，并努力重构你的消极思维。

情境	消极思维	感觉	行为

情境	另类思维	感觉	行为

日志提示

1. 针对自己的情况运用另类思维对你而言有难度吗？为什么呢？

_____

_____

_____

2. 在日常生活中运用另类思维时，你能预见哪些可能存在的障碍？你认为怎样才能克服这些障碍？

随改变而来的不适感不是你的敌人

在日常生活中挑战消极思维是创造积极的深度神经网络的重要步骤。起初，这看起来可能很具挑战性，因为你要不停地思考。老实说，这确实会很累，但是我们可以把它看作一种心智锻炼。以去健身房为例，假设你的目标是举起庞然大物，那么很可能在第一天你就以失败告终（如果你轻易做到了，只能说明你的目标定得太低）。但如果我们的大目标是由一系列小目标组成的，那么它们就更容易实现。要完成重量级举重，你需要持续不断地、努力地练习和训练。我们的心智训练也是如此，我们需要持续训练大脑去积极思考。起初，它肯定会如我们所预期的那般具有挑战性，但像其他任何事情一样，通过不断练习，你会看到自己的进步。

谈到归属感，消极思维可能会阻碍我们达成目标。试图避免不适感是我们人类生活的一部分，但在很多时候它都会让我们陷入困境。然而，不适感本身就是生活的一部分，我们无法逃脱。

这些内容我们在前面关于压力的章节中讨论过了。消极思维不一定让我们感觉良好，但它却会让我们感到舒适。当我们开始挑战自己的消极思维模式时，不适感随之产生。伴随着不适感而来的是舒适区的扩大，尽管这非常有限。大多数时候，努力避免无法避免的不适感所带来的压力比不适感本身更糟糕。如果我们的目标是建立更多的社会关系、结交更多的朋友、与家人联系更紧密，认知扭曲会让我们觉得采取必要的步骤去达成这些目标是非常可怕的事。这是大脑告诉我们的另一个谎言。其实我们完全有能力处理好那些让自己不舒服的事情。

通过在生活中运用更多的积极因素，我们可以让自己感觉更好，可以挑战那些存在于自己或环境中的消极思维。这样一来，我们的希望更大，前进的动力也更足。**当自我感觉变得更好，并且不再只活在大脑告诉我们的那些消极情况中时，我们才会向新的可能性敞开心扉，随之而来的便是更强烈的归属感。**

我曾经接待过一个患有严重社交焦虑的来访者。她感到极度被孤立，很难与他人建立联系。当我们更深入地探究她的思维时，我毫不惊讶地发现它们都是负面的。她很少向别人敞开心扉，因为她坚信别人对她的话语毫无兴趣。相反，她经常编造一些听起来很有趣的故事，而这又延续了她与别人缺乏联系的状态。当她与人交谈时，她并不是真实的自己。于是我带她一起挑战她的负面想法。她有点犹豫，因为她不敢相信自己也可以为别人做点什么。在我坚持不懈地努力劝说下，她接受了一份课外练习，尝试与另外两人展开对话并在整个谈话过程中完全坦诚。

　　当我在后来的讲习会中再次见到她时，她兴奋地告诉我，谈话已超出预期的数量两次，目前进行到第 5 次。她还说，她发现这一切比她想象中的要容易很多，并且感觉自己与其他人的联系比以往任何时候都更紧密。这个例子足以说明负面信念和消极思维会对我们形成很大的障碍。只要挑战它们，稍微改变自己的行为，我们就能与他人建立更牢固、更真诚的联系。每次都会完美地进行吗？当然不会，但也没有我们想象的那么可怕。在改变行为时，我们也能建立自信，提升自我效能感，这反过来会增加我们的韧性，提高应对不良情绪的能力。

归属工具箱：撰写感恩日记

当涉及一般应对措施、挑战消极想法或处理棘手情况时，写日记是一个很好的选择。然而，对于一些人来说，在没有任何提示或结构的情况下自由发挥写日记可能非常困难。感恩日记听起来像是一个老生常谈的建议，但这建议之所以经常被提及，还是因为它行之有效。感恩日记可以帮助我们冷静情绪、调整积极心态、专注于生活中真正重要的事情，并降低压力水平。请在两周内根据以下提示完成相应日记，然后，反思这种做法是如何改变了你的心态，并帮助你专注于生活中的积极方面。我鼓励大家在两周后保持这种习惯，这样才能有最好的效果。尝试每天都写出不同的答案。

• 列出 3 个你很感激的人。

_____

_____

_____

• 列出你今天完成的 3 件事。

_____

_____

• 列出今天已经完成（或即将完成）的使你感觉良好的 3 件事。

_____

_____

_____

_____

• 列出 3 件你满心期待的事。

_____

_____

_____

_____

日志提示

1. 根据提示完成感恩日记有难度吗？为什么呢？

_____

_____

_____

_____

2. 你认为在过去两周感恩日记是如何改变你的心态的？

_____

_____

_____

_____

本章要点总结

- 人类的大脑天生以生存为目标，因此常常导致我们关注事物的消极面。

- 消极的思维模式被称为"认知扭曲"。

- 我们可以通过经过思考改变原生思维、寻找依据以及使用积极的假设情景来挑战认知扭曲。

- 挑战消极思维可以让我们更快乐、更自信，减轻有害压力，培养自我和对他人的归属感。

第五章
FIVE

转变思维模式：跳出观念舒适区，让思维从原地踏步到勇往直前

我们的思维模式分为原地踏步和勇往直前两种类型。所以培养良好的思维模式非常关键，它可能会成为成长和停滞之间的分界线。在前一章中，我们讨论了消极思维如何阻止我们接近目标，无论我们的目标是工作成功还是人际关系得到改善。在本章中，我们将讨论如何养成成长型思维模式，以及这种模式如何帮助我们成长为最好的自己。我们还将深究思维模式的本质和功能，以及为什么拥有灵活的、以成长为导向的思维模式与归属感直接相关。

固定型与成长型——建设你的"思维庄园"

思维模式是信念、观点和假设的基本结构，我们围绕它来构建思想和行为。在我看来，思维模式如同一所房子，姑且将其命名为"思维庄园"。它由地基和基本结构组成，它们决定了我们用什么填充房子、在哪里建墙、在哪里放哪种家具。从本质上讲，我们是根据已有的结构来填补空白。我们没法用三层楼的家具来装饰一层楼的房子。同样的道理，总有些事情会与我们的思维模式有所出入。

思维模式主要有两种：固定型和成长型。**固定型思维模式**比较僵化，它坚持自己的信念和假设，直至遇到阻力。坚定不移是一种优秀的品质，但灵活变通也不可或缺。在固定型思维模式中，思想开放被视为对自我平衡的威胁，思想或观点上的差异在我们的头脑中发出了危险的信号。那些思维模式固定的人往往在生活中停滞不前，因为他们不允许自己变得灵活或适应瞬息万变的时代。用关于房子的比喻来说，这就相当于家庭日益壮大，却还住在一个过时的老房子里，房子明明已经太小了，而房主拒绝扩建、改建，甚至抗拒搬家。老房子居住舒适，是因为你对它非常熟悉，但它已经没有什么价值了。当我们拥有固定型思维模式时，我们就会陷入舒适区，逃避挑战，从而停止个人成长。

另一方面，培养**成长型思维模式**意味着对其他观点、想法、经验和信仰保持灵活和开放的态度。**那些拥有成长型思维模式的人则敢于直面挑战，从不回避，且将它们视为个人成长的绝佳机会。**

拥有这种思维模式意味着永远愿意努力成长为最好的自己。成长型思维模式包含了我们目前在本书中已经讨论过的所有内容：欣然接纳、饱含同情和挑战消极思维。

成长型思维模式可以对抗因停滞不前而带来的冲动和自满，并拥抱我们周围不断变化和持续发展的环境。回到前文的关于思维庄园和房子的类比。这看起来像是改变和调整我们的风格以适应时代，随着我们的家庭缩小或扩大，抑或随着我们的需求变化而调整规模，并接受我们可以在需要时搬家。我们不会仅仅因为舒适就停留在不合时宜的环境中；相反，我们在挑战自己，让自己勇敢迈出下一步，因为这对我们来说更有利。

现在请各位反思一下你们目前拥有什么样的思维模式：是固定型还是成长型？或者两者兼而有之？又或者在哪些方面你倾向于固定型思维，哪些方面你更注重成长？拥有固定型思维模式会面临哪些挑战？拥有成长型思维模式又面临哪些挑战？此刻请你花些时间反思一下自己在生活中哪些方面受到了思维模式的影响。

发挥成长型思维模式的力量，扩建安全而快乐的家园

　　成长型思维模式具有强大的优势。谁不想成为最好的自己？而我们努力的方向就是培养成长型思维模式。当然，完美是不可企及的。坦率地说，完美也是件相当无聊的事。培养成长型思维模式，并不是要求我们追求完美，而是我们努力成为健康、充实和完整的人，才有能力面对和拥抱生活中的挑战。拥有了成长型思维模式，我们便能灵活应变，从而防止自己陷入不再自我成长、止步不前的境地。

　　如果说我从中有所收获，那就是我学会了灵活多变。多年以前，我曾是一个古板之人。随着年龄的增长，我有了不同的人生阅历，无论是个人经历还是职业生涯。我逐渐意识到，顽固不化、拒绝变通的思维模式对我毫无帮助。我疏远了朋友，在情感方面胆怯、脆弱，而在职业上，充其量也只能算平庸之辈。挑战在我看来是不可克服和极其恐怖的事，完全无法做到欣然接纳。那时，

我认为生活非黑即白。其实这是另一种认知扭曲！这种想法让我陷入了困境，因为生活远非黑白分明那么简单，我们每天都生活在千百万种灰色阴影之中。

我们的行动和信念不会直接导致各种可见的结果，因为生活中还有太多变量。同样，我的想法与信念不会适合所有人，也不应该适合所有人。

我选择居住的房子就是我自己的，正如我邻居的房子也是他们自己的所有物一样。**带着固定型思维模式思考，我们会倾向于认为每个人都应该住在同样的房子里；而拥有成长型思维模式，我们会欣赏到兼收并蓄的社区，同时也尊重他人的家园。**

我在努力为自己创造成长型思维模式时，也帮助了很多其他人。思维模式从固定型转变为成长型的困难之处在于学会反思。我们需要克服自己身上的短板和缺陷，接纳我们的思想及其"融合"到的观念、假设和判断，认识到它们并不都是美好的，这一点至关重要。我们通过观察和学习别人的例子和生存机制来习得这些信念。成长型思维模式会坦然接受而不是批判挫折。同时，承认挫折的功能和它为我们带来的一切正面价值，吸收其中的养分，并将其变成有用之物。

回想一下我们关于接纳的讨论。拒绝接纳时，我们最终给自己制造了更多的痛苦；抵制成长型思维模式时也是如此。我们最终会遭受更多的痛苦，因为我们误以为自己的那些不良的关系、行为与应对机制是正确的。而当我们坦诚面对这些东西在现实中对我们不起作用的事实时，我们就会将心态转移到灵活多变的思维方式上，从而形成一种成长型思维模式。

成长型思维模式的好处在于它能给我们带来帮助。创造和培养成长型思维模式会提升我们的整体幸福感，我们在生活中遇到的阻力会更少，因此**认知失调**和不适感也会更少。随着对他人接纳度的提高，我们改善了彼此的关系。同样，自我接纳有助于我们茁壮成长，达到最佳状态。承认我们的不良模式或习惯可以让我们改正它们，从而做得更好。成长型思维模式会随着需要而改变和适应，让我们不断改进。**当我们各自处于最佳状态时，我们的关系也是如此。**

在培养归属感时，成长型思维模式至关重要，它让我们更接近自己的目标；而固定型思维让我们停滞不前，这一切都是为了安全。但是，当我们连快乐都感觉不到时，"安全"又有什么好处？成长型思维模式要求我们进一步扩大自己的舒适区，去主动承担风险，走少有人走的路。它需要谦逊和力量，这其实是我们都拥有的，只是有时未能充分利用它们。我们都有能力充分利用这些优秀的品质，努力培养成长型思维模式。

归属工具箱：分配情绪信念值

在本次练习中，反思一些你认为属于固定型思维模式的观念。它们也许是概括、假设和判断，但通常是我们自己熟知的事物。然后将你的信念值从 0（你根本不相信它）到 100%（你全心全意地相信它，任何人或物都无法说服你）进行评级。接下来，确定你对这些陈述的情绪反应，并在同一尺度上对这种情感强度 0~100% 进行评级。本次练习的目的是检查构成你的思维模式的想法，并确定你如何对这些信念做出反馈。

观念	信念值 0~100%	情绪识别	情感强度 0~100%
我无法胜任目前的工作。	20%	悲伤、沮丧、无助，感觉自己就是个失败者。	45%
朋友们都只是假装喜欢我。	10%	孤独、卑微、缺乏安全感。	35%

日志提示

1. 你写下的这些观念是如何影响你的日常生活的?

_____

_____

_____

_____

_____

_____

_____

2. 在锻炼成长型思维模式和挑战思维体系的过程中,你能预见到哪些障碍?

_____

_____

_____

_____

_____

_____

_____

应对固定型思维模式，戳破不受挑战的"泡沫"

固定型思维模式只会让我们停滞不前，并不能帮助我们提升与改进，无论是个人、职业发展、情感态度还是精神状态。一般来说，固定型思维模式确实让人感觉不好，因为一直保持静态而非动态，我们就会变得贪图舒适且过于固执。

我们都有在某些事情上故步自封的倾向，但在另一些事情上则不然。例如我们愿意在自己的职业范围内成长，但不愿在新建立的关系中推动自己成长。我们的观念不会轻易改变，但这无关紧要。拥有成长型思维模式的目标不一定是改变我们的观念；相反，我们的最终目标是审视那些阻止我们勇往直前的观念——那些不健康的观念对我们的伤害大于帮助。同样，我们希望能够确保自己的观念不会对自我或他人造成任何伤害。

每个人都可能认识一些油盐不进的人。你可能试图让他们相信一些事情，但他们就是拒绝接纳。和那些人真诚交往是不是很困难？当结束互动时，你是否觉得与之互动难以让你心情舒畅？高中的时候有位老师跟我说过："思想不要太过开放，否则你的大脑会崩溃。"很明显他是典型的固定型思维模式的人。他认为思想开放是对现状的威胁，令人感到不适，因此不值得鼓励。别人的观念不符合他的世界观，他就诋毁并否定它们。不须赘述，他绝不是我最喜欢的老师。

人们保持固定型思维模式的主要原因之一是，他们可以为自己制造一个不接受挑战的泡沫，只要他们还停留在泡沫里，就永远不必承认自己的错误，就永远可以保持自由和舒适。我会第一个认可承认自己做了错事或做了伤人的事的感觉并不美好。然而，如果我们不愿接受最真实的自己，无论是好的、坏的和介于两者之间的，我们就无法成长和前进。

带着固定型思维模式，我们都无法成为最好的自己，无论是对于个人还是社会。我们忽视成长，因为它令人感到不适和恐惧。通过逃避与成长相关的不适感，我们屡屡自食其果。倘若一成不变，我们就无法适应这个世界，也无法适应周围其他人的变化和成长。

想想人类目前所取得的一切科技和医学上的进步，如果没有人愿意挑战现状，如果所有人都拒绝冒险尝试新事物，那么这些进步何以实现？同样，那些不允许政策随着人民的历史发展而改进的社会也不会长久。无论是个人还是社会，如若停滞不前，那么制定出来的政策会对他人的人权产生负面影响。此外，他们还会创造出一个充满种族主义和其他歧视的环境。人类总在不断变化、保持前进，从未停止成长。而固定型思维模式会阻碍生命的流动，给我们个人和社会都带来痛苦。

在归属感这方面，固定型思维模式对我们没有太大益处。如果周围的人都在改变和成长，而我们保持不变，那我们很快就会与这些人失去交集。坦白来说，他们将很快超越我们，然后更好地与和他们同一层次的人建立联系。我们也会发现自己在生活中并未坦诚地对待他人，尤其是当我们对某件事信以为真，而事实并非如此的时候。回到我的前当事人患有社交焦虑的例子，她认为自己很无趣，她也没有任何东西可以与人分享和讨论。这导致她创造了一个虚拟的自己，无法有效地与他人建立联系。通过挑战这种观念和固定型思维，她承担了让自己不适的风险，但从长远来看，这些风险得到了回报，让她从此能够非常真实和坦诚地与他人交往，从而在人际关系中更有成就感，也更能适应周围的环境。**为了充分利用人际关系，找到真正的归属感，我们必须允许自己成长，挑战那些把我们圈在舒适区的陈旧观念，并扩展我们的思维模式，超越眼前的一切。**

归属工具箱：挑战内心的批判

苏格拉底（Socratic）教学法是一种通过提问礼貌地与某人辩论或挑战某人的方式。它旨在挑战信仰体系，鼓励批判性思维。该练习将帮助你学会独自训练（而不是和别人一起练习）。自言自语可能会让人觉得很奇怪，所以第一步是画出你脑海中的"小精灵"，这就是我所说的我们自己内心深处的声音，那些在我们耳边低语的各种不攻自破的话语。我要求大家先完成这一步，因为与存在于自我之外的东西进行争论比较容易。你的"小精灵"也许一直存在于你的大脑中，但它绝对不是你。你生而为人，而它与你完全不同。（它也会试图说服你不是这样。）现在请在你的日记或以下空白处画出你脑海中的"小精灵"，并填写一些关于它的简短信息。

例如：

• 姓名：_____

• 座右铭：_____

• 最害怕的东西：_____

本次练习的第二步是需要你理解思想不等于事实。思想只是我们头脑中存在的词汇，当我们对它们进行储备、让它们构建我们的思维模式时，它们就变成了信念。以苏格拉底法为样板，写下一些可以挑战你的大脑的短语。可参考以下例子：

• 我会对自己在乎的人说这些话吗？

• 如何证明这种想法是真实有效的？

• 我所谓的证据是基于偏见还是绝对可靠？

• 如果有人当面对我说这些，我的感觉如何？

• 我可以从哪些不同的角度来思考这些问题？

日志提示

1. 你觉得本次练习有什么困难或挑战?

_____

_____

_____

_____

_____

_____

_____

2. 在日常生活中，你可以通过哪些方式使用苏格拉底法?

_____

_____

_____

_____

_____

_____

_____

别让"坏标签"和"绝对化词语"束缚了你

建立成长型思维模式最重要的工具之一是好奇心。拥有了好奇心，我们会承认自己并不能得到所有问题的答案，信念也不是天生就正确或错误，除非它们是基于事实的。我们也通过好奇心鼓励成长和获取知识。我之前在福利院工作时，经常有人说："保持好奇，但不要狂怒。"这句话相当老套，但是却很有用！每次有人（通常是来访者或管理员）做了我不赞同的事情，我都试着反问自己他们会这样做的原因。通过使用这种方法，我能够更良好、更有效地与我的咨询者和同事们一起工作。我不必认同他们的观点，也不必完全理解他们的行为背后的原因，但我必须接纳他们持有与我不同的信念——这无关紧要。这是一种实践，不仅包含了好奇心，也包含了接纳，我们需要这两方面的要素来培养我们日常生活中的成长型思维模式。

别人总是会做一些让我们烦恼的事，但这并不意味着我们必须把这些事放在心上，或者做出反应，甚至重新思索它们。他们这样做也许是因为我们是他们安全感范围内的人（我的那些福利院的咨询者通常就是这样），而且他们更容易把我们当成发泄情绪的对象。也许是因为当下他们过得不好，也许我们永远不会知道真正的原因。这很正常，因为这并不与我们直接相关。当我们使用同情和接纳等工具时，我们能够更好地与他人合作，不仅敢于挑战自己的信念，还能将它们转化为积极且有利于成长的东西。

培养成长型思维模式的另一个步骤是观察我们正在使用的语言，这对大家来说并不奇怪。我们经常使用某些相当常见的词汇，使固定型思维模式永久化。首先，我们要尽量避免一概而论。通过使用"总是""从不""每一次""全部"等过于绝对化的词语，我们陷入了不健康的错误观念。例如，我在办公室经常听到一句话："我永远不会好起来。"当你听到这句话，你感觉如何？对我来说，这听上去非常绝望。这种思维方式会创设一个自我实现的预言：我们已经相信一切都没希望了，所以干脆放弃尝试。另一句极端的话语是："我永远无法完成这件事。"虽然这一过程中可能存在困难，但这种负面想法极大阻碍了靠努力完全可以实现的结果。

此类事例不胜枚举。还有一种是贴标签。我有一个咨询者就给自己贴上了"败坏"和"邪恶"的标签。是什么让一个人变坏？从外部运用的角度上看，我们可能会说，也许他们经历了一些创伤或有着糟糕的榜样，所以他们做了坏事，但这与做一个坏人完全不同。这是我们看待他人的一种典型方式，此法避免了一概而论，也发挥了同情心。然而，从内部实践的角度来看，做到这一点可能会很困难。对于给自己贴上"坏"标签的当事人来说，他愿意承认其他做了坏事的人不一定是坏人，但他相信自己一定是例外。他总是对自己与他人实行双重标准，这种现象非常普遍。即使他给自己贴上了这样的标签，他也不是坏人，那么你也不是。标签大多有害无益，因为它们抹去了我们与生俱来的人性和差异，包括我们自己的经验。

其他一些情况下我们想避免的词还包括"应该"和"不能"。通过陈述应该或不该去做某事，我们其实是在告知自己存在一个正确答案和错误答案，如果我们未做"正确"之事，就会感到内疚。比如，当你提醒自己"我今天应该锻炼"，但说完话却没有付诸实际行动，你通常会是什么感觉？我会内疚、羞愧、没有安全感，负面情绪连绵不绝。但倘若我们把它重新定义为"我更想要今天健身"，这时它就变成了一种选择。一种选择让我们感觉良好，另一种让我们感觉没那么好，而我们已经改变了事情的性质，使内疚和羞耻感不再延续。

同样的情况也适用于"不能"这个词。当然本章举出的例子只是来说明某些生理上的确无法做到的事，例如"我现在不能做侧手翻"，这是在陈述事实。一旦自我暗示道"这件事我完全应付不了"，我们就在妄自菲薄，告诉自己最好放弃尝试，但这并不是事实真相。把你口中的"不能"变成"可能会，也可能不会"，这就变成了一种选择。让它成为一种选择，以此激励我们付出额外的努力，从而挑战自我，接受不适和改变，去勇敢克服困难。使用诸如"现在"或"还没有"之类的短语也很重要。你可能已经注意到我在前文中讲述侧手翻的例子时就是这样做的。虽然我现在做不到，但是通过练习和努力（也许还需要一些上肢力量），我可以做到。同样，你可能现在会感到悲伤，但这绝不意味着你会永远悲伤。通过改变正在使用的语言，我们能够更好地培养成长型思维模式。

本章要点总结

- 成长型思维模式是指我们灵活应对并乐于接受那些会带来变化的挑战。

- 固定型思维模式是一种比较僵化的思维方式，会使我们停滞不前，无助于成长。

- 我们可以通过挑战不健康的观念或思维模式以及使用以成长为中心的语言来培养成长型思维模式。

- 成长型思维模式可以帮助我们更有效地与他人建立联系、更全面地接纳自己。

第六章 SIX / 注重自我照顾：给"情绪电池"充电，让爱自己成为爱一切的起点

　　自我照顾是拥有理想生活、提高应对技能、减少不必要的麻烦以及改善人际关系的基本要素。在本章中，我们将探讨自我照顾的本质及其重要性。我们还将研究如何建立适合个人特定需求的自我照顾程序，并了解自我照顾如何帮助我们与他人建立更好的联系。

重获日常生活中失去的能量

我在接待新的来访者时，总是会问到他们的自我照顾流程情况。十有八九，他们会稍加思考，然后回答我："基本没问题。"但当他们真正深入了解自我照顾的含义及其重要性后，他们才突然意识到原来自己做得根本不过关。通常情况下，人们认为自我照顾的底线就是喝足水、睡好觉、洗好澡以及勤刷牙；也有时候人们会把自我照顾想象成一边大口喝酒，一边泡着澡，一边做美容、做 SPA、敷面膜。当然不能否认以上这些都属于自我照顾的良好选择，但实际上，自我照顾远远不止完成这些任务。

我相信各位已经从这个短语中得出结论，"自我照顾"顾名思义就是照顾自己。然而，纸上得来终觉浅，它的实际含义到底是什么呢？现实中我们应该如何照顾好自己？**自我照顾**其实是任何能给我们的"情绪电池"充电的事。生活让我们精疲力竭，所以自我照顾的目的就是重获日常生活中失去的能量。于我本人而言，我更倾向于将自我照顾的含义划分为几个独立的层次：生理、心智、情感和精神。

生理层面的自我照顾一般存在于物质领域。类似进行体育锻炼、追求高质量睡眠、细心打理财务、定期整理发型、饮食均衡健康、保持生活环境干净整洁等。

心智方面的自我照顾是指任何刺激思维活动的事情。工作有时可归入此类范畴，只要它能与你的生活保持平衡。读一本好书、观看纪录片、发挥自我的创造力也在此类。

情感角度的自我照顾定义最为广泛。其范围之广，大到接受心理咨询，小到洗泡泡浴、与朋友玩乐。

情感上的自我照顾可能会与其他领域相互重叠，但目标还是增加快乐、减少痛苦。

最后，**精神层面的自我照顾**在我看来是最容易被忽视的自我照顾形式。它也可以包括瑜伽、亲近自然、志愿服务、关注周围的环境与人。精神上的自我照顾专注于那些超越我们视野的更宏大的事物，它超越了身心，聚焦于精神。

现在让我们更仔细地剖析自我照顾。人们通常会意识到他们在某一方面做得过多，而另一方面则不然。在自我照顾方面，我们的目标是保持各方面的平衡，而不是依赖单一的形式给自己的情绪充电。自我照顾的形式和我们的指纹一样独特，适用于我的并不一定适合别人。找到最适合你的自我照顾方式是一个试错的过程，不必让它成为你待办清单上的一项单独的任务。我们将探索如何将自我照顾融入日常生活、如何调整自己，以找出满足自己具体需求的最佳方式。

把自己放在"人生排名"的首位

　　自我照顾不是单纯地让我们自己歇息片刻，尽管休息是非常重要的一方面。它同时让我们有机会像关心他人一样关心自己。我曾和很多来访者、朋友、家人甚至健身房里的陌生人交谈，他们都有同样的问题：他们总是把别人的需要放在自己的需要之前。长期以来，我也受困于这个问题。自我照顾让我们学会如何重视自己独特的需求，并学着把自己放在首位。

　　对很多人而言，自我照顾是他们清单上的待办之事，但很少有人能完成。我们都曾有这样的想法：如果有时间或者恰巧抽出时间，我们可以通过自我照顾来放松和治愈自己。但通常情况下，自我照顾不是优先项，除非事情已经变得非常糟糕，且自己已处于失控状态。在这种情况下，自我照顾可能是防止崩溃的最后一搏。但要想行之有效，必须坚持每天进行自我照顾。

　　当遇到棘手的问题或有强烈的情绪时，我们会使用**应对技能**。虽然应对技能有时看起来像是自我照顾，但它们的本质还是明显不同。自我照顾是我们对自己进行的日常维护，以此恢复我们的情绪能量，从而帮助我们更好地处理紧急情况，减少对于应对技能的依赖。自我照顾是预防工作，而应对技能则是对紧急情况的即时处理。

自我照顾也是了解自己的关键因素。一般来说，人们并不经常花时间关注自己的感受，或思考自己真正的需求。其实，真诚关心自己、投入工作来满足自己的需求，可以极大提升我们的自治能力。这让我们能够更好地管理压力、保持活力，更有效地识别和处理情绪，更好地面对生活的起伏跌宕。通过对自我得失感觉的不断询问，我们提高了自我适应能力，也确定了自己需要何种自我照顾。

当然自我照顾不能一概而论。为了有效地发挥自我照顾的作用，我们首先需要自我适应。例如，你觉得工作太忙了，可能需要更多放松式的自我照顾，比如写日记；你对某事感到焦虑且浑身充满负能量，那么生理放松是很好的选择，比如跑步。不是每种形式的自我照顾都适用于所有情况。同样，有时候你能做的最好的自我照顾就是休息，当你的头脑和身体告诉你需要休息时，听从它们的声音吧。通过倾听内心需求，我们可以找到最适合自己的方法。将这种方法付诸行动，变成自己的技能，我们就能更有效地进行自我照顾，并保持更稳定且饱满的情绪。

我有一个患有慢性病的来访者，她的自我照顾方式就一直异于常人。例如，她会格外关注自己的休息时间和程度。因为运动能力有限，为了不加重病痛，她能参与的活动也很有限。然而，这并不意味着她不能自我照顾。她只需要确保自身适应，从而真正倾听自己身体的需求。这确实会让她的生活更困难，但是每个人都需要练习自我协调，唯有如此，我们才能最大限度地满足自己的需求。

　　自我照顾让我们有更多的精力来维持人际关系。如果我们自己都已经处于山穷水尽的状态，如何还能为其他人保驾护航？我们需要有足够的精力分配给生命中重要的人或经常联系的人。如果不首先关注自己并练习自我照顾，我们会极易感觉疲惫。这会直接影响人际关系，因为我们很有可能表现出暴躁之态，也未能尽朋友之责，减少与所爱的人的联系。我们中的很多人都很重视关心他人，殊不知若不能照顾好自己，也就无法做到真正关心他人。所以进行自我照顾并不是自私的行为，相反，这非常必要。**唯有用心照顾好自己，我们才能更好地照顾生命中的其他人，并且有更多的精力与他人建立更牢固的关系。**

恢复与调节——塑造内部"复原力"

复原力指的是我们从负面环境或事件中恢复的能力。自我照顾让我们通过增加情绪能量以及改善自我协调能力来建立我们的内在复原力。自我照顾常常和马斯洛的"需求层次"相联系。该理论由心理学家亚伯拉罕·马斯洛（Abraham Maslow）于20世纪40年代首次提出，用来解释人类的需求。该理论的整体层次结构如同金字塔，由5个不同的层次组成，每个层次都建立在前一层次之上。底层是由最基础的生理需求组成，即水、睡眠、食物、呼吸等；第二层次是安全需求，包括食品安全、住房安全、财产安全和生理自由；第三层次是爱和归属的需求，包括建立朋友关系、伙伴关系以及伴侣关系；第四层次也是从上至下的第二层次，包括尊重需求（自尊和来自他人的尊重）、自信与成就感；最高层次则是自我实现的需求，这意味着我们已经真正成为最好的自己，真正过上让自己自豪的生活，成为有韧性的、完整的人。马斯洛的理论原则是，每一个层次都建立在前一层次上，若无法实现下面的层次，我们就无法抵达上一层次。例如，若我们缺乏良好的自尊心，就不能实现自我；若我们连食物都很匮乏，经济保障便也无从谈起。

马斯洛的需求层次对于理解自我照顾如何培养复原力非常重要。等级制度打破了我们生而为人的需求，让我们认识到自己不仅仅需要从食物、性和金钱这些基本物质层面来获得快乐，我们需要的远不止这些；我们也需要安全感和保障，需要拥有牢固、真诚的人际关系，需要自豪感。只有当所有需求都得到满足时，我们的韧性才最强。当然，其中某些需求可能会超出我们的控制范围，比如突然失业、关系破裂或安全问题。然而，你并不会因为某些变量超出了你的控制范围就遭遇不幸。

关于自我照顾，正如这个世界上的其他事情一样，关注我们能控制的事非常关键。如果我们专注于生活中自己能控制的事情，比如饮食健康、打理财务、陪伴爱人、悦纳自我，我们就能更好地应对挑战和损失。当然这并不意味着我们就此放弃奋斗，这只是意味着通过我们建立在层层自我关怀之上的复原力，我们可以更轻松、自信地在波涛汹涌的大海上劈波斩浪。

我还经常使用另一种方式来看待自我照顾以及它如何帮助我们建立复原力，那就是把它比作银行账户。在账户中，我们储存情感能量。自我照顾便如同把能量存入银行账户。生活中的某些事能存储能量，而另一些事需要提取能量。我们不仅希望自己远离赤字，也想要确保支出和储蓄能有序进行。通过设置适当的界限，我们便可确保取款受控。同样，通过定期进行自我照顾，我们就能源源不断地将存款存入自己的账户。

当然，有些存款比其他任何存款都更有价值，这种情况因人而异。通过管理存款和持续存款，我们能够建立起情感能量储备。这样，当出现一些意外情况时（如压力增加、重大损失等），我们的储蓄也足够支撑自己走出阴霾。如果我们只想让自己的账户远离赤字，当遭遇意料之外的内环境失衡时，我们就会让自己陷入消沉。通过维护一个强大的情感能量储蓄账户，我们可以更轻松地从生活的挑战中迅速恢复，从而塑造复原力，而上述这些都需要通过定期自我照顾才能实现。通过进行定期自我照顾，我们不仅可以在遇到挑战时有所缓冲，还能更快地采取行动，努力从损失中恢复过来。

归属工具箱：将"情感能量"存入"银行账户"

着眼于建立情感能量银行账户这一点，在本次练习中，请先回忆下自己在生活中存、取款的相关事项。此外，还应考虑每笔提款和存款的数值。大家可以使用"元"或其他最适合自己的货币计量单位。本练习的目的是教会各位批判性地思考自己生活中的哪些事情让你精疲力竭，哪些事情让你充满活力，同时明白在哪些方面你需要设置更好的界限来控制支出。

取款	存款
例：下午必须清理猫砂盆，取出 5 元。	例：早晨跑步 20 分钟，存入 25 元。

日志提示

1. 你觉得自己需要在哪些方面设置更好的界限来管理目前的提款事项?

_____

_____

_____

_____

_____

_____

2. 你是否能预见在创建自我照顾储蓄账户时会遇到什么障碍?

_____

_____

_____

_____

_____

_____

_____

_____

_____

将自我照顾纳入待办清单中的优先事项

正如我在前文所言，很多人曾告诉我，自我照顾对他们来说不是优先事项，或者他们根本没有时间去实践。对此，我的意见很明确：从此刻开始改变你的优先事项。我曾经也认为自己无暇进行自我照顾，但是一旦我决定在日常生活中安排一些时间（而不是在周末疯狂挤时间）进行自我照顾，我便注意到自己的能量正在转移。当然，我低估了事情的复杂性，毕竟生活忙碌且充满障碍。这个世界节奏如此之快，它渐渐腐蚀了我们的思维方式。我们习惯于即时满足，希望所有问题迎刃而解，并幻想能与世间万事万物紧密联结。所以我们坚信自己必须勤恳、敬业、努力工作。若我们无法带来价值，那也就不配拥有它。有谁想在允许自己休息的时候感到内疚？但是这个世界让我们相信，休息是需要我们争取的。

事实上，休息是基本的人权，自我照顾也是我们每个人理应享有的权利。你越早让自己平静下来，忘记"应做之事"或者尽快提高效率，你就越早在日常生活中学会自我照顾。大可不必给我们的待办清单添加太多事项或者将自己逼迫太紧。很多事情都可以等待，没什么会比你的心理健康更重要（不，准确来说连洗衣服都不重要！）。**提醒自己，你本就该安心休息，也有能力好好照顾自己。这样的行为并不自私。**

然而，我深谙生活的现实。即使从个人价值的谎言中解脱出来，我们仍然负担重重。我们同时拥有父母、伴侣、手足、孩子、学生和员工等多重身份，大家都身兼数职，为生活而奔波、忙碌。这便是进行专属的自我照顾活动至关重要的原因。我们不能把自己局限于某些活动中，而是需要精心选择——有些是为了提供瞬间爆发的能量或注意力，有些则是为了帮助我们睡前放松。

我最近的咨询者是一对亟须自我照顾的夫妇，对于我给出的每一个建议，他们的回复都是："我们真的没空进行自我照顾。"于是我建议他们从当下正在进行的事情开始，然后逐渐变成自我照顾。举例来说，我们每天都需要淋浴，所以可尝试让自己在这段时间更加专注，且尽量放慢过程，避免思绪漫无目的地游荡，从而全程保持专注。尽你所能去调动感官（味觉也许用不上……毕竟肥皂的味道不太美好）。开始尝试专注于独处的宁静，用心倾听水声、感受水蒸气的温度、享受洗发水的香味，真真切切地感受淋浴过程中的每分每秒。通过留心当下，我们将自己的思想从日常生活的忙碌中分离出来，专注于眼前。这将是一个放松身心和自我照顾的绝佳机会，而不再是一项"我们必须完成的硬性任务"。

当然淋浴并不是唯一我们能用心完成来进行自我照顾的机

会，我们可以用心完成任何事情。我乐于向大家推荐的另一项活动是烹饪。既然烹饪也是日常生活的标配，我们不妨让它来为我们服务。很多人，包括我自己，都曾认为烹饪令人精疲力竭，但事实并非如此。我们可以通过改变生活方式，让每一天都拥有不同的主题。尝试新的食谱、和爱人一起烹饪，让它成为一种有趣的体验。我们还可以配上背景音乐，调动感官，并真正全情投入当下。虽然无法保证这会适用于所有人，但我给出的建议始终如一：去做一些你曾经做过的事，但务必用心去做，增加乐趣或冒险，或者让自己放松。即使时间紧迫，你仍然可以给自己的日常事务增添趣味，让平凡的任务变得妙趣横生。

其他一些非常不错的省时省力的自我照顾形式还包括散步、伸展、深呼吸、品茶、阅读、逗逗宠物、听听音乐。自我照顾不是什么大工程，它就是我们生活中的任意一件寻常的小事而已，可以短至 1 分钟，也能长达整个周末。它最核心的要求是需要我们全心投入。我可以抽空"撸猫"，这是一个很好的自我照顾的选择，但是如果我仍然专注于我的其他待办事项或我的精神很紧张，这项选择对我的作用就不大了。我需要参与、投入并专注于眼前的活动。此外，自我照顾有时可能是我们选择不去做某件事，比如在某个特定时段查看工作电邮，或者活跃于社交媒体。我们可以对此设定界限然后拒绝。为了使所获利益最大化，我们必须目的明确地进行自我照顾。请相信我们每个人都能做到这一点，并把自我照顾设置为优先事项，尽管踏实、安心地去践行即可。

归属工具箱：评估自我照顾活动

在本次练习中，回忆一下你曾经在生活中进行过的自我照顾实践；同时进行头脑风暴，想想自己将来可以进行什么自我照顾活动。我们把自我照顾分成 4 个象限：身体、心智、情感和精神。首先要明确，我们想参与的活动不一定就是自己所喜欢的。它们只需要是我们愿意尝试（哪怕只尝试一次）的活动。真正的尝试开始之前，你永远不知道哪种形式的自我照顾最适合自己！例如，我以前相当讨厌运动，直至某天我决定尝试一下，现在运动成了我每天的日常活动。此外，设想你自我照顾的百分比，总共 100%，分摊给表格的所有部分。理想情况下，我们希望比例尽可能平衡，但我深知，有些人在特定形式的自我照顾方面，其反馈会比其他人优秀很多。

	身体	心智	情感	精神
早已完成				
即将尝试				

日志提示

1. 尝试新的自我照顾活动对你而言有困难吗？为什么？

_____

_____

_____

_____

_____

_____

2. 你能预见哪些障碍会阻止你坚持自我照顾？如何才能确保自己
勇往直前？

_____

_____

_____

_____

_____

_____

_____

本章要点总结

- 自我照顾是建立情绪能量和塑造复原力的一种方式，这两者都可以帮助我们更迅速、更有效地从逆境中恢复过来。

- 当自我照顾始终如一并符合我们的个体需求时，它便是最好且最合适的。

- 保持个人协调非常必要，这有助于我们更好地理解自我需求，从而进行更具针对性的自我照顾。

- 自我照顾能帮助我们与自己和他人建立更好的关系。

第七章
SEVEN

促进良好联系：走出去，展示特别的你，寻找独一无二的友谊

在本章中，我们将集中讨论如何开始在生活中与他人建立良好的联系。这会涉及我们为什么需要人际关系及其为生活带来的益处。我们还将讨论实际的方法，同时在真实和虚拟的社区中努力实践，采取必要的步骤来建立健康和令人满意的关系。最后，我们将探究关系的各个层面，并探索与他人建立联系的过程。

联系的意义——指引人类学习与发展的明灯

　　毫无疑问，相互联系对人类这一物种的生存至关重要。纵观人类历史，出于现实原因，我们一直依赖他人。随着人类不断进化和对环境的逐渐适应，我们对他人的依赖不仅只为了生存；我们还需要人际关系协助自己在生活中茁壮地成长，以达到我们在上一章中讨论的自我实现的水平。人际关系为我们提供了成长为完整且健康的个体的机会。倘若生活中没有积极、正面的关系，我们的大脑会从出生的那一刻起就开始形成不同的负面思维模式。人类需要通过积极的互动来学习基本技能，这些技能是我们发挥个人价值所必需的，也是帮助我们发展为忠实于既定社会道德准则的和有成就感的人所必不可少的。我们通过观察别人的行为并模仿他们来达到最佳的学习效果，我们也从友情中学会如何交友、从失恋中学会如何恋爱。**我们所有的经历以及与他人的联系，无论好坏，都让我们得以学习和发展。它们教育、告诉我们如何与他人携手在这个世界上发光发热。**

联系不仅有助于正向发展并影响行为，而且也让我们感觉很好。这种好处不能否认，也不该否认。虽然很简单，但这是我们与他人联系所获得的直接好处。联系也能帮助我们在困难时期远离孤独，它带来快乐、冒险和刺激且提供了无条件的爱与支持的可能性。如此丰富的经历和机会都可以通过联系获得。回想你生命中那些令你心碎的过往，还有那些遭受损失或经历重大失望的时刻，此刻请思考如何独自处理这些事件。回想我生命中最悲惨的至暗时刻，我多么感激那些始终陪伴在我周围无条件支持我的亲朋挚友。请各位也回忆一下自己生命中那些十分快乐和幸福的光阴以及每一个高光时刻，无论大小。你曾与谁分享？我不禁再次想起我的朋友和家人，想起那些离我最近且愿意与我分享最真实的自己的人。

联系能引导我们度过人生的至暗时刻，也能帮我们铭记那些弥足珍贵的岁月。与他人分享经历会使我们的快乐加倍，调节好畏难情绪则能使我们的经历和感受有效化及正常化，同时给予我们支持、鼓励和团结。归根结底，人类是群居动物，我们需要人际关系来生存和发展。

用行动代替等待，寻找真挚新友谊

然而，紧密的联系通常不会自动落到我们身上。那些无所事事地等待别人接近他们或被动等待某种联系发生的人将会非常失望。当涉及建立关系和形成新的联系时，我们需要有意识地付出努力。这通常是阻碍人们探索建立新关系的确切原因：大多数人不知道从哪里开始，甚至不知道如何去认识新朋友。

我接待的几个新来的咨询者不知道如何与人交往。他们中的许多人都有室友，这就让事情变得很容易，但不是所有人都有室友。与他人断开联系的感觉非常孤独和窒息，甚至一些人会考虑搬回家乡或去往与自己有更多联系的地方。由此可见联系的重要性。失去联系，足以将我们自己从一个新城镇、一份新工作或一套新公寓中驱逐出去，回到各自有坚实依靠的地方。这些咨询者的共同点是他们真的被如何认识和结交新朋友难住了。

成年后，结交新朋友很难。的确，我们之间的交流不再像上学时那样方便，在课堂上遇到新来的女孩，两人立即因《小马宝莉》（*My Little Pony*）和"后街男孩"（Backstreet Boys）而紧密联系起来；或者都认为数学老师很严厉；又或者都讨厌某个孩子，却认为另一个小孩很可爱。我们的兴趣随着各自的成长经历一起改变，如今与人结交可能会更加困难，因为成年人的兴趣不再鲜明和闪亮，我们也不再轻易地喜怒形于色。我在工作中接触到大量的咨询者，其中很多甚至完全不了解自己的兴趣。他们陷入了单调的日常生活中，几乎没有时间做自己喜欢和享受的事情。当与我的当事人一起努力寻找联系时，我们开始的第一步是确定他们感兴趣的点。你喜欢的和感觉有趣的是什么？别担心他人的看法。如果你愿意，可能整个社区都是与你志同道合的人。

显然，寻找这些兴趣很有难度。随着年龄的增长，我们会变得更加细致入微。为了归属，我们不仅仅需要在各自喜欢的乐队或节目上建立联系，还需要在价值观和共享经验上建立联系。我有位拉丁裔的来访者，年轻时就移民到了美国，她是家族中第一个上大学并发家致富的人。我们经常讨论她感觉自己与朋友或邻居不合群的原因：那些人都是白人；同时好朋友也无法和她保持联系，因为他们没有太多的共同经历，他们各自在截然不同的环境中长大。这导致她感觉更加孤独。虽然她的个性很好，但也会更难找到归属感。同样，如果其中一人感觉如此，那么很可能其他的许多人也有同感。

第二步，一旦确定了自己的兴趣，赶紧去找志同道合之人，你不能只等着别人找到你。幸运的是，在指尖我们有无数的选择权，可与自己的社区甚至全球社区的人建立联系。

志愿服务是一个很棒的方法。我们中的大多数人内心都深藏一份心仪且珍贵的事业，无论是为平等而战、保护动物福利、为饥民提供食物、服务儿童，还是保护环境等。每个社区，无论大小，都提供志愿服务的机会，你只需尽力找到它们。这将促使你与志同道合之人建立联系，例如服务精神、社区意识、慷慨大方等。

如果志愿服务不是你的专长，也别担心，我们还有诸多其他选择。脸书是一个广阔的社区，其中有一些小众群体，包括个人兴趣爱好者或城市新来者。另一个极好的资源是 Meetup.com（以及它便利的应用程序），它为众多不同的兴趣提供了大量虚拟和实时的群组。没发现志趣相投的伙伴吗？那就自己去做一个群组！如我所言，倘若你有特定的兴趣、经历或价值观，那么其他人与你志趣相投的概率很大。

此外，还有几款应用程序提供了寻找新朋友的好工具，比如 Bumble（适用于不同性别）、Nextdoor（左邻右舍）、"嘿！VINA"（类似于 Tinder，不过更适合女性朋友）以及 Friender。以上选择都很棒，因为用户都有共同的目标：结识新朋友。这便消除了一些场合下的不确定性和尴尬，你们同时拥有一致的追求。有了以上工具，还有什么借口不努力建立联系呢？不要让自己的想法阻止你找到真正的知己。

归属工具箱：审视镜中的自己

　　寻找和培养联系的关键因素是了解自己的为人，以及你在联系中为他人带去了什么。本次练习是关于树立自我意识和反思自己这两个方面的探索性的问题，目的是更好地了解自己的兴趣，以及你如何应用这些知识来寻求与他人的联系。练习很简单，只需回答下面的问题。有必要的话，可以随时记录更多关于你自己的答案。

自我认知问卷

1. 你心目中理想的自己是什么样子？

_____

_____

_____

_____

_____

2. 你对于未来设置了怎样的目标?

_____

_____

_____

_____

3. 你在人际关系中有什么优秀的品质?

_____

_____

_____

_____

4. 当你和别人建立关系时,你希望从他们身上寻找到什么品质?
浪漫还是友好?

_____

_____

_____

_____

_____

5. 你在自己的心目中是比较喜欢居家，还是更喜欢冒险和旅行？

_____

_____

_____

_____

_____

6. 你有什么爱好或者想学的新东西？

_____

_____

_____

_____

7. 过去的岁月里，是什么阻碍了你坚守自己的爱好或学习新事物？

_____

_____

_____

_____

_____

_____

8. 请你对以下因素在你生活中的重要性进行排列：事业，朋友和家庭，娱乐和休闲，金钱，健康。

_____

_____

_____

_____

_____

9. 你希望这个排名在未来有所变化，还是对它们目前的排名感到满意?

_____

_____

_____

_____

_____

10. 你最大的优势是什么?

_____

_____

_____

_____

_____

11. 你有哪些弱点?

_____

_____

_____

_____

_____

12. 生活中你想要努力改进的地方有哪些?

_____

_____

_____

_____

_____

_____

日志提示

1. 通过填写这份问卷, 你对自己有什么新的了解吗? 你从中学到了什么?

_____

_____

_____

_____

2. 这些知识将如何帮助你与他人建立更好的联系?

_____

_____

_____

_____

_____

耐心培育关系的种子，才能绽放健康美丽的花儿

除了努力之外，人际关系还需要大量的时间和耐心。如前文所述，人际关系不会自动降临在我们身上。要是真的那么简单就好了！如果真的如此，我们也不会相会于此来冥思苦想了。建立健康的关系步骤繁多，这可能会令人非常沮丧，尤其是我们已经为寻找联系奋斗良久。然而，要在人际关系中培养归属感，真正培养与他人的健康联系，我们就必须承认这是必经的过程，需要坚持和耐心。结果可能并不如愿，但从长远来看，我们投入时间和精力的人际关系必将持久兴旺。**关系如同花园：我们必须照顾好它们，培养健康的环境，才能使它们茁壮成长。**同样，我们不能刚撒下一粒种子，就期待它第二天绽放鲜花。所有的关系都是从一粒种子开始的，我们有责任帮助它们成长。鲜花缺乏适当的营养就不再生长，关系若无法得其所需，也就无法维持下去。

那么，健康关系的发展是什么样的呢？简言之，我们没有

标准答案。每段感情都独一无二，因为每个前任都和下一任完全不同。建立关系就像剥洋葱，我们从表层联系开始，向内努力。外在的联系包括分享共同的兴趣、谈天说地，以及了解对方的个性。这一步也许会让你觉得乏味，但它建立了关系的基础。我们的关系深入发展，就会继续剥开洋葱的表皮。我们更多地了解对方，也更多地展示自己，相互给予和索取依赖。唯有如此，关系才不会变得片面和欠缺。这就是我们需要深入了解自己的原因：了解我们的优势和劣势分别是什么，以及我们在人际关系中要寻找什么，从而建立联系。如果这些答案与我们试图与之深交的人的答案不一致，那也没关系。同理，"强扭的瓜不甜"，死皮赖脸地建立起来的人际关系最后也不会发展成互惠互利的健康关系。

这对许多人来说都非常令人沮丧。记住以下这关键的一点：我们并不会与每个人都建立联系。交友和恋爱很相似：有时候，我们需要经过几次试错，才能找到对的人。即使尽了最大努力，对方也可能不会有所回应，或者无法敞开心扉与我们开始新的关系。这会让很多人非常失望，并产生抵触感。如果真的发生这种情况，我们要提醒自己：强制的关系就像把圆钉子钉进方孔，肯定行不通。此外，请记住，我们可以在生活中为众多不同类型的关系开辟空间。比如说午餐伙伴、工作搭档，或者给我们推荐了资深房地产经纪人的朋友，还有那些只会吃喝玩乐却不曾真的关心过我们的酒肉朋友。有时候可能也会有人同时满足以上所有特点，但大多数情况下并非如此。

扪心自问，你拥有什么样的关系空间？当有人与你成为普通朋友但无法升级为最佳知己时，想想你能赋予这段关系多少能量。如果你的生命中无法容纳他人也没关系，可能此人并不符合你的择友标准和品位。提醒自己，不要因为和某人建立关系没有成功，就否定了其他所有人。只要我们付出努力、锻炼耐心，做对关系有益的事，持久、繁荣的关系注定会实现。而那些稀疏的、被冷落的植物在花园里毫无立足之地，也并不意味着花园本身有什么问题，这只是表明此处的环境不利于那些特别的花儿生长。

归属工具箱：重复心中的信念

重复心中的信念是培养耐心的好方法。初次开始这么做时，我完全没有耐心。我的思绪早就飘向了九霄云外，迫不及待地想要快点结束。然而，当继续进行时，我注意到自己在练习中培养的静坐能力已经渗透到日常生活中。此外，一切都变得更加容易——练习运用积极的肯定想法来提醒自己更有耐心，对即将到来的事情欣然接纳，以及让自己接受新的体验。

本练习将帮助你培养对人际关系的耐心，以及克服与人际关系相关的畏难情绪。此外，它将让你有机会练习运用积极的**肯定**想法来提醒自己：你值得被爱。这只是一份总体概述，如果愿意的话，你可以自己去完善它。

首先，调整舒适的坐姿，双脚平放在地板上，双手放置在身体两侧。我建议你设置5~10分钟的计时器，当然你也可以随意设置自己认为合适的时间。推荐播放舒缓的背景音乐来调节情绪，但保持注意力集中。挺身坐直，仿佛头部正伸向天空，轻轻闭上眼睛。重复以下信念：

我值得拥有健康的人际关系。我是宇宙中重要和必不可少的一部分，所以我配得上一切美好的事物。培养良好的关系很难，但我不畏艰难！我自信且勇敢。我会敞开心扉，让别人欣赏我的美丽，像我自己一样深爱我。我能奉献诸多好物。我是一个有趣而独特的人，可以给予他人许多。我为自己的人际关系培育了健康的花园。我尊重他人如同尊重自己。我目标明确地一路前行，让他人感受到我带来的光明。我值得自爱，也值得被爱。

通过为自己及自己与他人的关系设定其他目标，你便可以自由地继续这个练习。你也可以添加任何其他积极的肯定想法。一切准备就绪后再结束练习。尝试整天保持信念感十足的状态来培养正能量，如果可以的话，坚持定期练习。

日志提示

1. 这种练习对你来说有难度吗？为什么呢？

_____

_____

_____

_____

2. 重复心中的信念将如何帮助你保持耐心和发展健康的人际
关系?

_____

_____

_____

_____

_____

特别的你，请勇敢去做

我们每天都有机会去建立更多的联系。首先，评估生活中哪些障碍阻止了你建立理想的关系，这一点非常重要。其中一些原因可能在控制范围内，而另一些属于不可抗力。当我询问来访者阻碍他们寻找联系的原因时，他们通常会告诉我是因为自己害怕被拒绝或被批判。为了击败以上因素，我们必须首先确定自己的目标和价值观。回忆一下之前关于核心价值观的练习。只要你在生活中继续遵循这些价值观，你就能自信地说："我在做利己之事。"可能有人对此无法理解，没关系，并不是所有人都会在你的生活中扮演重要的角色。**通过树立安全的自我意识并参与符合自己意愿的活动，你会对自己的一言一行充满信心。**

此外记住，每个人都需要并正在寻找联系，这也很关键。若有人告诉你"不，其实我不需要任何朋友"，这在现实中的可能性非常低。当然，不是不可能发生，而是可能性极低。可能的情况是，其他人也对此感到紧张和尴尬。如我所言，在成年人的世界中交朋友很难，我遇到的所有人都在为此奋斗。有时承认自己的尴尬会有所帮助，即使当你正在与他人交谈时。把一切和盘托出，不用假装自己很酷，做回真正的自己。如果你真的做到了，就会给人留下自信、谦逊的印象，这会让你看起来更加平易近人，让对方以及你自己同时感到放松。

建立联系的另一个好方法是进行简单的练习。你的目标不一定是建立持久的关系，你可以更频繁地练习对话技巧以及参与社交。这些人可能是和你一起排队的陌生人、杂货店的收银员、你的牙医等。当我们强迫自己更多地交谈和提问时，我们会变得更舒服。当然，并不是每个人都会在交谈中有所回报，即使我们看起来平易近人、和蔼可亲。没关系！交谈让我们在练习中试错。这就是生活的本质。这可能会为你带来不适感，但我们付出越多，就越能看到自己的复原力，它所承受的压力也就越小。这让我们能够以更开放的心态和更强大的自信来对待其他机会。

最后，不要害怕做自己，也别担心暴露出怪癖等问题。没人喜欢千篇一律的朋友。你是一个完全独特的人，能提供很多价值，若不让别人看到这一点，那将是一种遗憾。不是每个人都会理解你或看见你的价值，这很正常。说到这里，又要回到前面说过的内容了：安心做自己，确信自己是有价值的。只要你重视自己，其他人就会顺着你，如果他们不顺着你，你就要足够强大，自己去设定必要的界限。这个过程可能缓慢，还会令你产生不适感，但是除此之外，没有更好的办法能指引我们过上充满爱与联系的最好、最真实的生活。

当谈到建立联系所需的耐心和开放性时，我总会想起一个朋友。我和她是在刚进研究生院时认识的。在这两年的学习生涯中，我们都不曾承认彼此是朋友，而只是两个偶尔相遇的同学。那两年里，我们都感觉到了彼此间微妙的关系，但是两人都很尴尬，也不敢问对方是否愿意一起去校外闲逛或做其他事情来发展关系。直到毕业后，我们才开始深入聊天，也终于开始一起去吃早午餐。我们的交谈居然持续了几小时之久，在这期间我们向彼此分享了对社会正义的渴望以及对连环杀人案的好奇。当回首这段过往，我也会思考为什么当初我们没有早点主动攀谈。那段岁月里，我们本都可以结交一位新朋友，但自身安全感的缺失却成了障碍。在建立联系时，应该相信直觉带来的经验。如果我们未曾冒险去接触对方并分享真实的自己，我们就会错过建立美好友谊的机会。若我们早点迈出这一步，彼此都可以多拥有几年的友谊和愉快的冒险。

不要被自己的思想蒙蔽了，误以为别人对你不感兴趣或不需要新朋友，又或者是你不够特别。你足够特别，值得拥有一切强大的人脉和美好的关系。你所要做的，是勇敢走出去、抓住机会！

本章要点总结

• 与他人的联系可以帮助我们渡过难关，并在积极的时期放大快乐。

- 建立健康的关系需要耐心和努力，但有时也会令人沮丧。

- 自我意识和自我重视对培养联系至关重要。

- 线上、线下有无数机会可以与他人建立联系。

第八章
EIGHT

日常归属：在茫茫宇宙中，稳稳地安放你柔软而坚定的内心

已至终章，我们将在此讨论本书中涵盖的所有工具和概念，探索如何将它们相互联系，并付诸实践以培养归属感。本书涵盖了欣然接纳、自我同情、积极思考的力量、挑战消极的思维模式、自我照顾的重要性，以及建立健康、积极的关系等内容。现在，让我们深入研究如何运用这些技能来培养归属感，改善人际关系——包括我们与自己的关系。

朝着真正的归属之地迈步

　　首先，感谢并祝贺你已抵达本书的终章。它不仅旨在提供一系列培养归属感的有用工具，还创造机会让你更深入地审视自己，考察你可能会如何延续消极的思维模式，而这些模式会阻止你成为最真实的自己。自省不易，我们拿自己为例，就能明确个人好恶。我希望此书能鼓励大家接纳缺点，并在与自我对话时使用的语言中实践自我同情。我们所有人，无一例外，都存在自己不擅长或不适应的部分。治疗的目标便是解决这些部分，并将它们发展得更健康。我写出此书，旨在把自己的治疗师生涯中最常用的工具打包成书面文字，并使它们易于实际操作。谢谢你们陪我走完这段旅程，我真诚地希望自己的点滴建议与忠告能让大家的生命从此与众不同。

　　现在，我们可以将在本书中讨论的所有概念联系起来，并将其应用于归属感的培养。在第一章中，我们讨论了归属的本质。一般来说，归属意味着被另一个人或另一群人看到我们真实的自我，并被真诚接纳和认可。归属的最大障碍是真实自我的表达。我们中的很多人终其一生都在与自我怀疑和不安全感做斗争。培养强烈的自我意识是找到归属感的第一步。如果我们不能真实地表达自己，就无法被他人完全接纳。这就是同情心和自我照顾的来源。通过培养自我同情和自我理解，即使是我们不太喜欢的部分，我们也能够更好地练习自我接纳。

自我照顾是同情心的延伸，我们从中认识到自己值得被爱、被关怀。通过自我照顾，我们为自己提供了促进个人成长和个人意识的工具和善意。只有首先接纳自己，学会自我同情和自我照顾，我们才能更轻松地将这些益处扩展到他人身上。我们在照顾自己的同时，也将获得更多的精力奉献给别人。关系是相互的，尤其是在寻找归属感时，我们都需要确保先成为最好的自己，以便培养健康的关系，为自己和他人提供安全的空间。

通过克服自我挫败心理和纠正扭曲的认知，我们的能力和见识都会增长，从而能够生活在一个他人和自己都不会时不时陷入被怀疑、猜测和论断的世界里。通过练习感恩和挑战思维，我们能够驱散让自己停滞不前的消极思想。倘若我们渴望改变，就必须有所行动。为了挑战自我，让生活真正改变，我们必须主动跳出舒适区。当对这些改变仍怀揣恐惧时，我们就无法朝着真正的归属之地迈步，甚至会阻止自己向世界展示我们真正的个性。不必去管大脑告诉我们的谎言，我们必须超越怀疑心理和认知扭曲，一步一个脚印地迈向人际关系。确实，这很困难；确实，这需要努力。但是，一切付出都非常值得。

在这一切当中，隐藏着接纳这一暗流。我们必须学会同时接纳自己与他人，接纳当下的境遇和自己能控制及无法控制的一切，接纳和拥抱不适感。唯有如此，我们才能逼迫自己进入面向成长和充满活力的空间。为了成长，我们必须迎难而上。当开始培养和运用成长型思维模式时，我们就能够更好地培养联系和发展归属感。

即使步伐缓慢，进步也不会缺席

请谨记，培养归属感的这段旅程并不容易，而且进度缓慢。我们总是曲折前进。一路走来，你也许会历经多次挫折，会与某些想法艰难斗争，甚至跌至失望的谷底。这一切都很正常。可能你会有不适感，但这都是你的必经之路。有时候，学会享受这段旅程，并真正地活在当下，会对你很有帮助。我们可能会从每一个错误、每一次挫折中吸取教训。是否止步于错误和挫折，都取决于你。不幸的是，人生是奔流不息的，你永远不可能越过生活的终点线，也就不可能这样宣布："我现在能够100%地拥有归属感，而且能够完美地运用所有相关技能。"但是，只要你尽了最大努力，不停朝着目标迈步，便能证明你正朝着正确的方向前进，尽管你努力的样子可能每天都不一样。

由于治疗师的这段工作经历，我生命中的人，无论是在个人生活方面还是在职业方面，都希望我能拥有这些能力。我了解这些技能，同时也在运用它们，所以我的生活就充满了健康的人际关系和正能量吗？像其他人一样，我也缺乏安全感，充满恐惧与担忧，也有自己的边界问题和苦衷。我可能对某个主题有一定程度的了解和训练，但这并不意味着我能将理论知识完美地贯彻执行；我仍然会对自己教授给当事人的那些技能是否有效持怀疑态度；我也有觉得接纳无比困难的时候；我也会对于自己无法控制的小事深感沮丧；在人际关系中，我努力设定健康的界限，这让我感到筋疲力尽，甚至愤怒。没有人是完美的，包括我自己，对此我不情愿但必须承认，而且技能也不是万无一失的。有时候障碍和困难会让技能看起来毫无意义，这让我们疲惫不堪。但是没关系，请允许自己有脆弱、无助的时刻。你只是一个普通人，生活本就不易，因此你不必让自己过得更艰难。

那么，我们如何在人生的跌宕起伏中保持韧性，而不是轻易气馁呢？在研究生院学习时，我们被告知的第一件事就是必须"主动深入当事人所在地"，而不是带着自己的议程进来，然后期望当事人自行理解并保持冷静。当他们还挣扎在起跑线上时，你不可能独自遥遥领先。我们对待自己也是如此。我们在最佳状态下也只能创造出自己全部价值的35%，在其他日子我们的最好成绩有时能达到79%，有时甚至只有1%。这没关系。终有一天，你所能做的对自己最好的照顾就是起床、自我鼓励，因为那正是朝着正确方向迈出的一步。我们不必一直全速前进，我们需要允许自己经历使我们狼狈、挣扎的难关。重要的是我们要坚定地站起来并勇敢表现自我，朝着正确的方向勇往直前。进步也许会来得缓慢，但只要你不断前进，它便绝不会缺席。

生活艰辛，所以我们在本书中介绍的工具有时很难实践，但它们存在于此是因为它们行之有效。倘若我本人不相信这些工具，我不会建议你去使用和实践它们。所有这些工具和概念的加入都自有它们的道理。只要定期练习本书教授的技能，你就可以在脑海中创造安全的空间。通过接纳自我、练习自我同情和自我照顾，允许自己保持现状，而不是每天逆流而上。首先自己亲身实践以上这些工具，让自己走到舒适区外，并接触到其他人。这可能会让人感到恐惧，但是通过练习，你便塑造了自己的韧性，拥有了从挣扎和失望中反弹的能力。你本来就有自我恢复的能力，这些技能只是帮助你清除乌云，释放这种能力。

归属工具箱：创造坚定、自信的沟通

关系的有效性和重视自我价值的核心元素是确保沟通风格恰到好处。有 4 种常见的沟通状态：自信的、攻击性的、被动的和被动－攻击性的。

理想情况下，我们希望随时随地都能进行自主沟通。这包括坚定、直接、清楚地陈述你的需求和意图，没有防御或指责，保持冷静和自信，尊重他人的需求和感受，冷静地表达你自己的感受。我们需要**自信的沟通**来维持健康的关系，设定界限，恰当地表达自己，更好地与他人相处。

攻击性的沟通是指一个人大声喧哗或爱出风头，不尊重他人的界限，对感情不屑一顾，坚信自己永远是对的，不会练习主动倾听的技巧。

被动的沟通恰恰相反：处于这种沟通状态的人会让他人占据主动权，不会拒绝，没有界限感，不会表达也不重视自己的情绪，认为别人永远是对的，一味地避免冲突。

最后，当个体认为别人应该自动知道他们的需求时，**被动－攻击性的沟通**就会发生。他们变得怨恨，并可能会以被动的形式表现出来（例如，故意"忘记"一些事情来报复某人）。这是一种操纵式的沟通状态。

在本次练习中，我使用了攻击性的、被动的和被动－攻击性的语句作为示例，你要做的是把每一个例句都写下来，重新组织成一个以自信的状态沟通的陈述句。记住，自信的陈述是互相合作和彼此尊重的。解决这个问题的好方法是从"我感觉"开始。

场景：朋友让你开车送他去机场，但是你有一场非你去不可、至关重要的工作会议。

攻击性的：绝对不行！工作远比送你去机场重要。这还要问吗？

_____

_____

_____

场景：同事向你借 20 美元。

被动的：我只有一张 50 美元的钞票。你拿去用吧，不用找了。

_____

_____

_____

场景：搭档让你洗碗。

被动－攻击性的：好的，不用担心，我会去洗的。反正通常情况下都是我洗碗。毕竟我看得出来你现在正忙着看电视呢。

———————————————

———————————————

———————————————

———————————————

日志提示

1. 你认为自己的主要沟通状态是什么?

———————————————

———————————————

———————————————

———————————————

2. 进行自主沟通时，你会面临哪些困难? 你认为自己如何才能克服这些障碍?

———————————————

———————————————

———————————————

———————————————

———————————————

你属于这里，踏在宇宙中属于你的一席之地

在我们结束这段旅程之际，我要提醒大家：你属于这里！此时此刻你可能看不到它，但从此宇宙中有你的一席之地。数十亿年的进化演变、日落日出、出生死亡，才拥有了这一刻。此时此刻，与你同在。这一切充满意义，宇宙已经把自己塑造成此刻最合时宜的样子，而这需要我们每人都置身其中。

这本书旨在帮助读者意识到自己独特的天赋，这是他们应分享给别人的有用之物，并学习如何利用这些天赋建立关系。我真诚地希望我的话能给你带来安慰和支持，希望你能练习书中涵盖的技能，并在日常生活中实践它们。这段旅程也许漫长而艰难，充满了艰苦的战斗和无尽的挫折。这并不是让你气馁，而是提醒你，你不必完美无瑕地达成目标。你要明白困难会循环往复，并要深知你有能力克服它们。我写这本书的目的便是帮助你释放内心的力量，成为最好的自己。这需要刻苦的练习和不懈的努力，但最终你能够在这个世界上找到自己的位置，找到那些给予你爱、支持与归属感的人。

归属工具箱：识别并克服障碍

　　以下练习经常被用于积极心理学的实践中，以此产生幸福感，并鼓励个人为实现目标而付出不懈努力。请回答以下问题，并思考下一步可以采取的行动步骤。

• 想象一下你的理想生活。你已经克服了当下使你苦苦挣扎的一切困难，此刻谁正陪伴你左右？生活看起来是什么样的？

_____

_____

_____

_____

• 你为自己所完成的一切以及为实现理想生活所付出的所有努力备感骄傲。这种感觉如何？

_____

_____

_____

_____

_____

- 深挖这些感觉，并尝试在此时此刻感受它们。你如何才能让这种"理想生活"成为现实？

_____

_____

_____

_____

_____

- 你可以采取哪些以行动为导向的步骤来实现自己的理想生活？

_____

_____

_____

_____

_____

日志提示

1. 本次练习对你来说有难度吗？为什么呢？

_____

_____

_____

_____

_____

2. 有哪些障碍会阻止你实现自己设定的目标？你如何克服这些障碍？

_____

_____

_____

_____

_____

_____

本章要点总结

- 本书中讨论的技能和概念是奠定归属感基础的基本要素。

- 通过定期练习，这些技能会给你的生活带来积极的变化。

- 进步不是直线上升的，需要耐心、接纳和同情。

- 此处有你的一席之地。你很重要，你属于这里！

归属小辞典

归属：通过分享真实的自我及接纳他人真实的自我，与另一个人或另一群人建立的亲密关系。

接纳：承认自己的处境而并不试图改变它们的过程。

价值观：指导个人行为的原则，引导正确选择的力量或信念。

自我同情：在情感和生理两个层面照顾自己并满足自己需求的行为。

消极的思维循环：消极或不健康的思想产生更多的不良思维模式，持续循环至中断。

同情：对他人及其处境感到悲伤或同情。

同理心：充分理解他人的感受并分享自我经验的能力。

认知扭曲：一种消极的思维模式。

灾难化：相信最糟糕的事情会发生。

读心术：在未被告知的情况下，假设我们了解别人的想法或感受。

宿命论：假设我们能预知尚未发生的事情的结果。

低估积极信息：坚信我们自己所做的一切都没有价值或者不如他人。

确认偏差：当我们寻找支撑自己观点的信息时发生的认知扭曲（例如，寻找危险信号，却忽略了与之相反的关键信息）。

消极偏见：更多关注事情的消极方面。

毒性积极：坚信他人只有积极的心态，从而抹杀了其他正常的经历或情绪。

行为链条：影响个人行为的一系列内外刺激。典型的行为链遵循以下模式：感觉＞行为＞后果。

思维模式：信念、观点和/或假设的基本结构，我们围绕它来构建自己的思想和行为。

固定型思维模式：坚持自己的信念和假设，直至遇到阻力。

成长型思维模式：对其他观点、想法、经历和信念保持灵活和开放的态度。

认知失调：一个人的思想或信仰与其行为不一致。

自我照顾：照顾自己健康和幸福的实践活动。

生理层面的自我照顾：自我照顾的子类型，侧重于照顾自己的生理范畴（环境、身体、财务）。

心智方面的自我照顾：自我照顾的子类型，侧重于通过思考、挑战或创造力来刺激大脑。

情感角度的自我照顾：自我照顾的子类型，侧重于给自己带来快乐，并及时休息。

精神层面的自我照顾：自我照顾的子类型，侧重于连接精神自我以及我们在宇宙中的角色；可以通过志愿服务等来实现。

应对技能：用于调节强烈情绪状态的技能，如深呼吸、写日志、散步等。

复原力：从消极的环境或事件中恢复的能力。

肯定：用来挑战消极思维的积极陈述。

自信的沟通：以恭敬有礼地自我辩护、练习积极倾听和反复确认以及设定健康界限为特征的沟通。

攻击性的沟通：以敌对行为或语言为特征的沟通，如骂人、贬低、叫喊、苛求或使用暴力。

被动的沟通：一种唯命是从的沟通方式，主要特征为害怕惹恼他人，例如总是唯唯诺诺、为别人的错误买单等。

被动－攻击性的沟通：一种沟通方式，其特点是避免直接沟通和对抗，同时仍掺杂小的攻击性行为，例如背后恭维、沉默对待、指责他人等。